# 호모에코노미쿠스의 모순

## 소비자 마음 속의 비밀

이 주 훈 저

계축문화사

## /책머리에/

몇 년 전 우연히 심리학 관련 서적을 보면서, 대학시절에는 별 흥미를 느끼지 못했던 내용들에 대해 새로운 흥미를 느끼게 되었다.

이 같은 흥미는 내가 전공으로 하고 있는 경제학을 새로운 시각으로 바라보게 하였다. 그리고 심리학, 뇌 과학 등 새로운 학문분야의 전문지식에 대한 필요성을 절감케 하였다. 이 같은 변화가 경제학의 새로운 분야로 일컬어지는 행동경제학의 분야이다.

얼마 전부터 대학가에는 "융합"이라는 용어가 유행처럼 번지고 있다. 학문간 융합을 시도한 것은 시기적으로는 몇십년 전으로 거슬러 올라갈 수 있겠지만, 융합의 필요성이 절실해 짐으로서 이를 적극적으로 시도한 것은 10여년전 쯤으로 보아야 할 것이다.

우리가 연구하고 있는 어떤 특정 학문들이 인간의 행복을 증진시킬 수 없는 것이라면 인간 행복 증진을 위한 하나의 학문분야로서 그 가치를 상실하게 될 것이다. 따라서 어떤 학문이던 그 목적은 인간 행복의 증진에 있고, 이를 위해서는 현실을 떠나서는 존재할 수가 없다. 경제학의 좀 더 현실적인 새로운 분야가 바로 행동경제학이다.

지금 이 책은 바로 그 행동경제학의 범주에 속하는 것이다. 행동경제학은 경제학만의 방법론만으로는 연구가 불가능하다. 이것은 심리학의 도움이 필요하고 경영학의 도움이 필요하고, 산업디자인학의 도움이 필요하고, 그 이외에 정치학, 생태학, 생리학, 인류학, 뇌 과학 등 다양한 학문분야의 도움 없이는 연구가 불가능한 "융합학문" 분야이다. 그리고 이것은 바로 우리가 살아가고 있는 현재의 생활환경을 연구의 대상으로 하고 있으므로 행동경제학은 지극히 현실적인 학문분야라고 할 수 있다.

행동경제학이라는 새로운 학문분야는 내가 몸담고 있는 대학에 있어서도 학생들의 높은 관심을 받고 있다. 아마도 학생들이 직접 주도적 수업을 만들어 간다는 이유이외에도 여타 학문들에 비해 우리 주위에서 그리고 나 자신이 흔히 접하고 있는 일상에서 발생하고 있는 현상들을 대상으로 한 실험성격의 학문분야이기 때문일 것이다.

앞으로 학교에서의 학문 탐구는 기존의 단일 학문분야가 아닌 학문과 학문들이 연계된 융합학문의 형태로 발전되어 질 것이다.

융합학문의 형태는 현실적응에 매우 쉽게 연결되어질 수 있으며 인간의 행복증진에 직접적인 많은 도움을 줄 수 있기 때문이다.

본 장의 4장에서 비교적 상세히 소개하겠지만, 중국 소비자를 대상으로 한 학생들의 실제실험결과들은 기존의 행동경제학 분야의 석학들이 내놓은 실험결과들 못지않은 좋은 내용을 포함하고 있다. 중국 특유의 소비문화가 성격유형별 소비 형태와 어떤 관계가 있는지를 잘 보여주고 있다. 즉 세계적 석학들이 미처 언급하지 못한 내용들이 들어있기 때문이다.

오늘도 학생들의 행동경제학에 대한 관심과 실험정신은 대학 강단에 선 나로 하여금 행복한 삶을 느끼게 해주고 학생들에 대한 무한한 사랑을 만들어내는 원동력이 되고 있다.

2013. 7월 어느 날

이 주 훈

/차례/

## 제Ⅰ부 인간의 선택행위와 뇌 속의 비밀



## 제Ⅱ부 성격 및 체질과 뇌 화학물질 그리고 구매결정 행위

# 제 1 부

# 인간의 선택행위와 뇌 속의 비밀

**제1장** 인간의 선택행위와 제한적 합리성

**제2장** 비이성적 경제행위

**제3장** 인간의 감정과 뇌 속의 비밀

# 제1장 인간의 선택행위와 제한적 합리성

기존의 주류경제학을 접해왔던 사람들이라면, 인간의 선택행위에 대해 호모 에코노미쿠스에 의한 효용극대화의 원리에서 그 답을 찾아왔다.

그러나 실제 우리가 살아가고 있는 현실에서는, 주류경제학의 선택행위에 대한 경제 이론만으로는 설명이 불가능한 경우가 허다하다. 그것은 주류경제학의 학문적 틀 속에는 인간의 감정과 같은 심리적 요인이 충분히 고려되어지지 않았기 때문이다.

따라서 본 장에서는 경제학 이론 속에 심리적 요인이 충분히 고려되어져야 한다는 필요성과 이것이 고려되어진 제한적 합리성의 가정 하에서 충분한 행동경제학에 대한 이해에서부터 출발하고자 한다.

# 1. 합리적 선택행위

## 1) 선택행위와 합리성

우리는 살아가면서 수많은 선택을 해야 한다. 그 선택행위 자체가 기분이 좋은 성격을 갖는 것이든 그렇지 않든, 선택행위를 통해 그 결과를 도출해야만 하는 상황에 접하게 된다.

점심을 먹기 위해 식당에 갔을 때, 어떤 음식을 먹을까에 대한 선택, 흡연이 건강에 좋지 않다는 사실은 너무나 잘 알고 있지만 과연 내가 정말 금연을 할 수 있을까를 망설이며 시도 할까, 말까를 망설이는 당신.

여자 친구 생일 선물을 사기 위해 백화점에 갔다가, 내가 처음에 사려고 마음먹었던 제품보다 훨씬 더 예쁜 제품이 진열되어 있는데 가격이 좀 비싼 편이라 어떤 것을 선택할까 하고 망설였던 당신.

이 모두는 우리가 충분히 경험해 왔던 선택의 순간들이었다. 우리는 과거에 어떤 선택을 그리고 어떻게 해왔는가?

말할 것도 없이 우리 인간은 그 선택을 통해서 좀 더 행복해 지려한다. 좀 더 나은 선택을 하려고 노력하는 것이다. 이 같은 인간의 선택행위에 대한 연구에 오랜 역사를 갖고 있는 주류 경제학은 효용 극대화의 원리를 적용시키고 있다. 즉 일정기간동안 특정 재화를 소비할 때 얻는 만족을 효용(utility)[1]이라 하는데, 인간은 이 효용을 극대화시키는 선택 행위를 한다는 것이다. 언뜻 한 치의 빈틈도 없는 명쾌한 이론으로 보여 진다. 그러나 이 이론의 전개를 위한 기본적인 가정을 살펴보면, 다소간의 수정이 필요하다는 생각이 들게 된다.

---

1) 이주훈, 경제학의 이해, 2010, p66

첫째, 주류경제학은 인간의 기호와 취향은 일정 불변하다는 가정 하에 출발한다. 그러나 이에 대해 약간의 의구심을 가질 수 있다. 기호와 취향은 시간을 통해 충분히 변화가 가능하기 때문이다. 테니스를 좋아하던 사람이 테니스에 흥미를 잃고 대신 골프를 좋아할 수도 있다. 양식을 좋아하던 사람이 한식을 좋아할 수도 있다. 그 이외에도 우리주변에서 그리고 나 자신으로부터 이 같은 예는 얼마든지 찾아볼 수 있다.

둘째, 효용 극대화를 위해서 오로지 나 자신만의 이익을 추구해야 한다는 가정이다. 즉 이타심은 존재하지 않는다는 것이다. 그러나 우리 주위에서 그렇지 않은 너무나 많은 예를 볼 수 있다.

1960년대로 기억하는데 강재구 소령은 수류탄 투척 연습 중 다른 부하 군인이 실수로 떨어뜨린 수류탄을 자기 자신의 몸으로 덮쳐, 다른 사람들은 아무피해를 입지 않았으나 정작 자기 자신은 고귀한 생명을 산화시켜 버렸다. 얼마 전 TV뉴스에서는, 얼굴을 알 수 없는 어떤 사람이 10년 넘게, 매년 불우한 사람들을 위해 써달라고 엄청난 돈을 동회 화단에 놓고 갔다는 사실이 신문과 TV를 통해 전달 됐다. 그리고 그 돈은 100원짜리와 500원짜리 동전도 함께 포함되어 있었다. 경제적으로 여유가 많아서 기부한 것이 아니라 본인도 아까워서 쓰지 못했던  돈을 불우한 사람을 위해 기꺼이 내놓았던 것이다. 멀리 아프리카에 단돈 500원이 없어 질병으로 목숨을 잃는 아픔을 보고, 전기, 수도료를 아끼고 쓰레기로 버린 제품포장위에 인쇄된 50원, 100원 가치의 포인트 스티커를 모아 몇 만원씩 기부행위를 하는 수많은 아름다운 사람들. 우리는 이런 사람들과 함께 살아가고 있다. 이들의 행동은 이타심에서 출발한 것이다. 따라서 두 번째 가정도 현실에서는 다소 문제가 있는 가정이라고 볼 수 있다.

이렇듯 주류경제학에서 인간의 선택행위는, 기호와 취향의 변화가 없는 상황 하에서 타인들의 이익에는 전혀 관심이 없고 오로지 나 자신만의 이익을 극대화 하고자 하는 지극히 이기적이고 계산적인 경제적 인간 즉 호모에코노미쿠스(homoeconomicus)[2)]를 가정으로 했다. 그러나 우리가 살고 있는 세상은, 주류경제학에서 말하듯 효용극대화를 추구 하지만 때론 다른 사람들을 고려하기도 하고 환경이나 심적 변화 등으로 호모에코노미쿠스 자체도 다소간 변덕스러울 수가 있다.

주류경제학에서, 인간 혹은 소비자라는 경제주체는 지극히 합리적 경제행위를 한다고 했다. 그러나 경제행위가 합리적이기 위해서는 몇 가지 조건이 성립되어져야만 한다.

첫째, 모든 소비자들은 그들이 합리적 경제행위를 위해, 선택을 위한 완벽한 모든 정보를 알고 있어야 한다. 마트에 가서 시금치 한 묶음을 사려해도, 시금치에는 어떤 종류가 있고 어떤 계절에 가장 영양소가 풍부하며, 구입 후 먹고 남은 시금치를 어떻게 보관해야 하는 것인지 다른 마트에서는 동일용량의 한 묶음이 얼마이며, 재래시장은 얼마이고, 현재 가격이 하락중인지 상승중인지, 어떤 시금치를 구입해야 나의 소비목적과 맞는지 등…… 수 많은 정보. 우리는 정말 이 같은 정보를 충분히 알고 있을까? 이번에 새로 나온 세탁용 세제가 있는데, 광고에는 엄청 효능이 좋다고 했다. 광고에서 보았던 대로 용량을 1/10로 해도 정말 세탁효과가 있는 것일까? 기존 다른 세제 류와 비교해서 어떤 장단점이 있는가? 인체에 유해한 성분은 들어있지 않는가? 이 가격은 비싼 것은 아닌가? 다른 곳에서 이보다 싸게 파는

---

2) 도모노노리오, Behavioral Economics, 지형, 2006, p25-26

곳은 없는가? 온-라인에서 판매하고 있는가? 온-라인 판매가격은 얼마인가? 어떤 공급체가 가격을 디스카운트 할 수 있는 쿠폰을 주는가? 등 수많은 정보가 있을 수 있다. 그런데 우리 대부분은 이 같은 엄청난 정보들 중 극히 일부만을 인지한 채 제품에 대한 선택을 하게 된다. 이것이 현실이다. 심지어 우리는 그 상품이 마트나 백화점에서 판매되고 있는지? 어디에서 판매되고 있는지 조차도 잘 모를 때가 허다하다.

둘째, 소비자가 완벽한 정보를 갖고 있다 하더라도, 정보처리 하는 과정에서 완벽한 이성적 계산 즉 감정이 개입되지 않아야 한다. 제품의 선택 앞에서 그 제품이 소비자에게 주는 감정은 고려 대상이 아니라는 것이다. 어떤 사람은 너무나 핑크색을 좋아해서, 성능이 다소 뒤떨어져도 가격이 다른 것에 비해 다소 비싸더라도 그 제품이 핑크색이라는 이유 하나만으로 그 상품을 선택하는 경우를 볼 수 있다. 이 같은 경우는 주류경제학에서는 분석의 대상에서 예외인 것이다.

새로 나온 벤츠 승용차가 너무 디자인이 멋지다. 그런데 기존의 폭스바겐 승용차는 가격이나 성능 면에서는 벤츠승용차보다 더 우수하다. 한참을 망설이다가, 그래도 디자인이 멋진, 간지 나는 벤츠를 선택했다. 주류경제학에서는 있을 수 없는 일이다. 제품선택에 감정이 개입되어져서는 안 되기 때문이다. 연비만 따져도 벤츠는 1리터로 14Km를 주행할 수 있고, 폭스바겐은 1리터로 18Km를 주행할 수 있다. 감정을 빼면 당연히 1리터로 18Km를 갈 수 있는 폭스바겐을 선택했어야 한다. 그런데 디자인 때문에 벤츠를 선택했다. 나이가 지긋이 든 중년남성들에게 자동차 색상이 매입에 어떤 영향을 미치는지 살펴보자. 아무리 성능에 비해 값이 싸다하더라도 빨간색을 사려는 사람은 거의 없을 것이다. 나도 그렇다. 나는 연한하늘색도 선호하지 않는다. 파격적인 프로모션이 있어도 안 산다. 이 경우 선택행위에 결정적 영향을 미친 것은 각 개인에 따른 색상이 주는 감정이다. 그런데 주류경제학에서는 감정은 금물이다.

그렇다면 우리가 살아가고 있는 현실 경제 속에서 인간들은 어떤 선택행위를 하며 살아가는 것일까?

위에서 살펴본 바와 같이, 합리성을 추구하되 완벽한 합리성이 아닌 여기저기 그리고 상황에 따라 다소간의 변화를 보여주는 합리성 즉 제한된 합리성하에서 경제행위를 하고 있는 것은 아닐까?

### 2) 주류경제학과 행동경제학

제한된 합리성[3]이란, 완벽한 합리성을 추구하되 인간이기 때문에 완벽할 수 없고, 따라서 개인의 이익을 추구하지만 상황에 따라서 이타심도 작동하고, 제품에 대한 완벽한 정보가 아닌 일부의 정보를 갖고, 제품선택과정에서도 이성적 계산적인 선택 과정만이 아닌 감정적 부분이 선택행위에 중요한 역할을 담당하고 있음을 의미한다.

여기에서 눈여겨보아야 할 것은 '감정'이라는 단어이다. 주류경제학과 "감정"이라는 개념은 매우 거리가 먼 개념이다. 그렇지만 경제학이 시작된 18세기에는 주류경제학은 '감정'이라는 개념과 함께 출발하였다. 18세기 인간의 감정을 주로 다루는 심리학은 하나의 학문으로서 자리를 잡지 못하고 있었다. 심리학은 경제학의 틀 속에서 때를 기다리고 있었다. 따라서 초기의 경제학 속에는 심리학이 주요한 역할을

3) Setten, Reinhard, Bounded Rationality, JOURNAL of Institutional and theoretical, vol 146, pp649-658.

하고 있었다.

애덤스미스(Adam Smith)도 1776년 그의 「국부론」에서 심리학부분의 현실성과 중요성을 언급한 바 있다. "누구나 자기 자신이 얻을 수 있는 이익에 대한 기회에 대하여는 약간이라도 과대평가하려고 하고, 손실을 볼 수 있는 기회에 대하여는 조금이라도 과소평가하려 한다" 라고 했다. 즉 인간의 경제행위에 리스크나 불확실성이 미치는 영향에 대해 심리적 요인을 부각시킨 것이었다. 또한 국부론 이전인 1759년, 아담스미스의 최초의 저서인 「도덕 감정론」에서는 인간의 감정이나 이타심 등이 다루어졌다. 아담스미스의 머릿속에는 이처럼 심리적 요인의 중요성이 다루어 졌으나 후세사람들의 아담스미스에 대한 해석에 있어 약간의 오해로 인해 그가 주류경제학만을 주장해온 사람으로 비춰지고 있다. 그가 한말을 인용하여 음미해보기로 하자. "우리들이 식사를 할 수 있는 것은 정육점이나 빵집, 야채나 과일가게 주인들의 자비심 덕분이 아니다. 이는 그들 자신의 이득과 손실에 대한 관심 때문이다. 우리들이 원하는 것은 그들의 인류애가 아닌 이기심이며, 우리들이 그들에게 말하는 것은 우리들의 needs가 아닌 그들의 이익에 대해서다."[4)]

이 내용의 올바른 이해는, 이기심만이 중요하다는 것이 아니다. 단지 다른 요소보다 이기심이 자본주의 경제에 있어 보다 중요한 역할을 담당하고 있음을 지적한 것이다.

애덤스미스 이후에도 인간의 심리를 중요하게 생각한 학자들은 많다. 알프레드마샬(Alfred Marshall)은 그의 「경제원리」에서, "경제학은 인간의 일상생활에 관해 연구하는 학문이다. 경제학은 일종의 심

---

4) 도모노 노리모, 전게서. pp37-39

리과학이자 인간과학이다"라고 말하고 있다. 경제학은 어떻게 인간이 더 잘살 수 있는가에 대한 연구를 하는 학문 분야지만 이에 대한 세심한 분석과정은 인간 본연에 대한 연구에서 출발하는 것이다.

우리가 너무나 잘 알고 있는 케인즈(John Maynard Keynes). 그는 인간의 비합리성이 경제행위나 경제운용에 지대한 영향을 미친다는 사실을 잘 알고 있었다. 1937년에 발표된 그의 저서 「고용, 이자 및 화폐의 일반이론」의 마지막 부분에는, 인지바이어스, 답례 성, 군중심리, 공정, 사회적 지위, 야심, 감정 등과 같은 심리학적 요소들의 역할이 강조되고 있다.

제도파 경제학자인 베블렌은, 제도란 "개인과 사회의 특정관계나 특정 기능에 관한 지배적인 사고 습관을 말한다."라고 주장하며 그의 경제학 사상에 심리학이 깊이 관여 돼있음을 보여 주었다. 또한 프리드리히 폰 하이에크의 1951년 그의 저서 「감각 질서」는 경제학 저서라기보다는 심리학저서라고 보아야 할 성격을 띠었다.

그 후 경제 심리학자라고 자칭한 미국의 조지 카토너(G. Katona)는 1951년 「경제행동의 심리학적 분석」이라는 저서를 발표했다. 그 책 내용에는, 우리들이 알고 싶은 것은 인간의 행동 즉 소비자나 경영자의 동기, 태도, 희망, 걱정 등이 경기상승, 인플레이션, 경기 후 회동에 어떻게 반응하는가? 이 같은 상황 하에서 경제 불안을 완화하거나 피하기 위해서는 어떻게 해야 할지를 배울 수 있을 것이라며 경제적 요인과 심리적 요인의 상호 관계에 대한 지대한 관심을 엿볼 수 있다.

그 후 경제학에 심리학을 도입하려는 몇몇 시도는 있었지만 빛을 발하지 못했다. 이 와중에 1978년 노벨경제학상을 수상한 허버트 사이먼이 혜성처럼 등장하게 된다. 사이먼은 정치학으로 박사학위를 취득

하였으나 그는 경영학, 조직학, 컴퓨터과학, 인공지능, 인지과학, 경제학 등을 두루 연구하여 박학다식한 인물로 등장했다.

그는 주류경제학이 가정하고 있는 합리성에 대해 인간 인지 능력의 한계성으로 인해 인간은 완전한 합리성을 갖출 수 없다고 보았고, 이를 설명하기 위해 제한된 합리성(bounded rationality)이라는 개념을 만들어 냈다. 또한 현실 경제 속에서 인간의 선택은 효용극대화의 개념이 아닌 일정수준이상만 되면 선택한다는 만족화(satisficing)원리, 그리고 합리성은 선택의 결과가 아니라 선택의 과정에서 논해져야 한다는 "절차적 합리성"이라는 개념도 만들어 낸 바 있다.

그러나 그의 훌륭한 개념들은 당시 경제학자들 사이에서 인정을 받지 못해 그 결실을 맺지는 못했다. 사이먼의 주장은 정당성 및 중요성은 인정되었다. 하지만 비합리성이나 이타심에 대해 언급한 적합한 이론이나 모델이 없었기 때문에 경제학자들로부터 인정을 받을 수가 없었다.

인간의 선택에 대한 문제는 1950년대 이론 물리학자 폴 노이먼과 경제학자 모르겐슈테른에 의해 기대효용이론[5] (expected utility theory)을 통해 알려 졌다. 그리고 이 이론은 경제학내 뿐만 아니라 다른 분야 학자들 특히 심리학자들에게 큰 관심을 갖게 하였다. 심리학자들은 기대효용이론이 실제의 인간 행동을 설명할 수 있을 지에 관심을 갖고 이후 주도적 역할을 수행하였다. 그 대표적 학자로는 워드 에드워드를 들 수 있다. 그리고 그의 사고는 커너먼과 트비스키에게 커다

---

5) 경제주체의 합리적 판단은 불확실한 현실상황하에서 결과에 관한 효용기대치에 입각하여 이루어진다는 이론. 10만원을 딸 수 있는 확률이 50%이고 20만원을 잃을 수 있는 확률도 50%라면, 이 게임은 기대효용 Eu는 Eu(10만원)×0.5+Eu(-20만원)×0.5가 된다.

란 영향을 주어 유명한 프로스펙트이론(Prospect Theory)[6)]을 낳게 하였다. 즉 실제 인간의 행동은 기대효용이론이 예측한 것과 다르게 나타난다는 것을 실험을 통해 입증함으로써 인간의 선택행위가 실질적으로 어떻게 일어나는지를 설명하였다. 프로스펙트이론은 커너먼과 트비스키에 의해 전통경제학에 큰 영향을 주게 되었고 행동경제학(Behavioral Economics)이라는 새로운 분야의 출발점이 되었다. 행동경제학은 심리학과 경제학의 재결합에 의해 탄생된 연구 분야이다.

행동경제학이란, 실제로 인간이 어떻게 선택행위를 하는지 그리고 이로 인해 어떤 현상이 사회에 발생하는지를 연구하는 학문이다. 그러므로 행동경제학의 요지는 현실 경제 속에서의 실질적 선택행위에 대한 연구라 할 수 있다.

행동경제학의 제1단계는 주류경제학에 대한 이상 현상에 착안해, 일반적인 인간과 경제적 인간 즉 호모에코노미쿠스와는 어떻게 다른지에 대해 체계적으로 수집하는 단계였다. 제2단계는 행동의 체계화, 이론화를 구축하여 경제 질서에 어떤 영향을 미치는지를 연구함으로서 좀 더 나은 인간행복설계에 기여하는 것이다.

## 2. 휴리스틱과 제한적 합리성

### 1) 휴리스틱(heuristic)

인간은 한계성이 있다. 그래서 계산에 있어 컴퓨터를 당해낼 수 없는 것은 너무나 당연하다. 인간의 뇌가 컴퓨터라면 제품선택에 훨씬

---

6) Kahneman, D and A Tversky, Prospect Theory: An Analysis of Decision under Risk, Economica, vol 47, no 2, 1979, pp 263-291

편리할 것이다. 그러나 우리 일상에는 그렇지 않은 예가 너무나 많다. 그렇기 때문에 우리는 인간임에 대해 자랑스러워 할 수 있다. 하나의 예를 들어 보기로 하자.

일본의 경제학자 시오자와 요시노리는 소비자가 백화점에서 수많은 상품 중 자기 마음에 드는 제품을 선택하는데 얼마만큼의 시간이 소요될까하는데 관심을 가졌다. 그리고 이 같은 선택을 하는데 컴퓨터는 얼마만큼의 시간이 걸릴까에 대해서도 궁금했다.

컴퓨터가 여러 상품 중 1개의 상품을 선택하는 방법은, 당연히 효용 극대화의 원리 하에서 움직이게 된다. 이에 비해 사람은 선택과정에 감정이 개입되게 된다. 먼저 컴퓨터의 경우를 실험해 보았다. 그것도 일반 컴퓨터가 아닌 슈퍼컴퓨터를 이용했다. 10개의 상품 중 1개를 선택하는데 에는 0.01초가 소요된다. 30개의 상품 중 1개를 선택하는 과제에서는 17.9분이 소요되는 것으로 나타났다. 이번에는 40개의 상품 중 1개를 선택하는 경우에는 얼마만큼의 시간이 소요될까를 분석했다. 무려 12.7일이 걸린다는 계산이 나왔다. 그렇다면 50가지 상품 중에 1개를 선택하는데 소요되는 시간은 어떻게 될까? 말도 안 되는 결과가 도출됐다. 35.7년이 소요되는 것으로 나온다.

만약 인간이 경제적 인간처럼 선택행위를 한다고 가정한다면, 50가지 상품 중 1개를 고르는데 걸리는 시간이 35.7년이 필요하다는 말이다. 결국 이 경우 상품구매가 거의 불가능하다는 답이 나올 수밖에 없다.

그러나 이때 사람을 이 과정에 투입하면 어떻게 될까? 우리의 엄마, 누나, 언니들은 백화점에 가서 쇼핑할 때 50가지 상품 중에 한 개의 상품을 고르는 것이 아니라 수십, 수백 개 중에서도 하나를 고르는 선택과정을 거치게 되는데 가장오래 걸리는 사람도 8시간은 넘지 않을 것이다. 컴퓨터로서는 상상도 할 수 없는 일이다. 이 같은 상품선택과정에서는 이성은 극히 적은 부분을 차지하고 감정은 대단히 큰 역할을 수행하고 있다. 인간의 마음은 다양한 감정으로 이루어진다. 다양한 감정으로 이루어진 인간의 마음은 그들의 행위를 결정하고, 인간의 행위들이 경제를 움직인다. 따라서 경제를 움직이는 것은 인간의 마음이요, 감정인 것이다. 컴퓨터와 같은 계산능력이 없는 우리의 뇌가 그 많은 상품들을 어떻게 선택하게 되는 것일까? 그것은 휴리스틱(heuristic)[7] 이라는 우리 뇌의 기능 때문이다. 이 휴리스틱은 완벽한 계산의 결과가 아닌 감정의 산물이다. 휴리스틱은 명확한 통계자료와 근거자료가 없어 선택이 어려울 때 흔히 사용하는 방법이다. 이때 사용하는 방법은 대충 짐작, 어림셈 혹은 간편한 발견법이다. 말 그대로 확실한 근거에 의해 선택하는 것이 아니기 때문에 정확할 수는 없다.

이 책을 읽는 사람이 미혼남성이라고 가정하고 질문을 하나 던져보도록 한다. 미혼여성들은 부모, 자기 자신, 파트너 중 3번째로 중요하다고 생각하는 것은 누구일까요?[8] 아마 여러분들 대부분이 여기에 대한 설문조사결과 수치를 알고 있는 사람은 없을 것이다. 그러니까 여러분들은 대충, 짐작되어지는 대로 당신의 삶의 시간 속에서, 경험 속에서 얻은 막연한 당신만의 정보들을 바탕으로 답변을 할 것이다. 부모님과 남자친구를 몹시 중요시하는 여성이 당신과 가까운 사람이라면, 당신은 세 번째에 자기 자신이라고 답할 것이다. 혹은 무척 이기적인 생각을 갖고 있는 여성이 당신 여동생이나 누나라면, 그리고 남자친구를 무척 사랑하고 있음을 느낀다면, 당신의 답변은 부모님이

7) Camerer, C.F.,Do Biases in Probability Sudgement Matter in Market?.
8) 보스턴 컨설팅 그룹의 설문조사(2009)에 의하면, 부모가 27.4%, 자기자신 25.1%, 파트너 12.1%였다.

될 것이다. 이 같은 어림셈에 의한 방법은 그 사람의 과거 경험이나 기억 그리고 그것에 대한 개인적인 감정에 의해 행해진다.

미국의 경우, 사람들에게 물어 보았다. 자살하는 사람이 많은가? 타살되는 사람이 많은가? 많은 사람들이 타살이 많다고 대답했다. 타살이 많다고 대답한 사람들은 타살사건에 대한 기사가 거의 매일 몇 건씩 올라오고 TV에서도 듣고 하며 살아왔다. 그러나 자살사건에 대한 뉴스는 그리 많지가 않다. 따라서 확실한 통계자료가 없는 사람은 막연하게 그가 살아온 과거의 경험 등을 바탕으로 타살이 많을 것이라고 답변하게 된다. 이것이 휴리스틱이다. 조사한 바에 의하면 1983년 미국 내에서의 자살 건수는 연간 27,300명이고 타살건수는 20,400명으로서 자살이 타살보다 많았다. 이렇듯 어림셈에 의해 판단하게 되므로 객관적이며 올바른 판단과 차이가 나게 된다. 이때 그 차이를 바이어스라 부른다[9].

휴리스틱의 가장 큰 특징[10]은 이용가능성이다. 이용가능성이란, 어떤 사상(event)이 출현하는 빈도나 확률을 판단할 때 그 사상이 발생했다고 쉽게 알 수 있는 사례를 쉽게 기억해내고 이를 기초로 판단하는 것을 뜻한다. 이때 중요한 역할을 담당하는 것이 기억, 특히 장기기억이다. 저장된 기억으로부터 즉시에 꺼내 사용할 수 있는 사례들에 따라 판단하는 것이 이용가능성 휴리스틱이다.

이용가능성을 만드는 또 다른 요인은 용이하게 이미지화 될 수 있는지의 여부이다. 외국의 어떤 대학교에서 여대생들을 상대로 실험을

---

9) 도모노 노리오, 전게서. p72

10) Gilovich, T.,D.Griffin and D. Kahneman (eds), 2002, Heuristic and Biases;The PYSCHDOGY of Instituitive Judgement, Cambridge Univ. pp120-138

했다. 실험참가자인 여대생을 세 개의 그룹으로 나누었다. 그리고 이들에게 가상으로, 학교 내에 어떤 전염병이 만연될 징후가 있다고 말해주었다. 이병에 걸리면 다음과 같은 증상이 나타난다고 하고 모두 이 증상을 읽도록 했다. 그리고 3주후 실험 참가자가 이병에 걸릴 수 있는 정도를 표시해 달라고 했다. 1조에게는 병에 걸리면 나타나는 증상을, 2조에게는 그 증상들을 더욱 상세히 설명해 주었다. 그리고 3조에게는 2조와 같이 상세하게 설명을 해준 후, 3주후 답을 하기 전 그 병에 걸린 모습을 구체적으로 머릿속에 그린 후 답변해 달라고 했다. 실험결과 병에 걸릴 확률이 제일 높게 나온 그룹은 3조, 그다음이 2조 그리고 1조의 순 이었다. 인간은 이 같은 휴리스틱을 이용하여 손쉽게 판단을 내릴 수 있다. 백화점에 간 그 여성은 자신이 좋아하는 과거의 세상에서, 디자인을 통해, 냄새를 통해, 감각을 통해 혹은 미각을 통해 구축된 자신만의 휴리스틱이 있기 때문에 선택과정이 쉽게 이루어질 수 있다. 어렵지 않게 선택했다 해서 그 선택이 옳은 것이냐 하는 것은 또 다른 문제이다. 아마도 완벽한 정보를 갖고 있지 못한 상태 하에서 선택과정을 거쳤기 때문에 그 선택이 최상이었을 가능성은 그리 높아보이지는 않는다. 다만 선택과정을 거친 결정에 대해 검증할 수 없기 때문에 선택의 결과물에 대해 선택자가 얼마만큼 만족하는가 하는 문제만이 남게 된다. 우리인간은 항시 경제적 인간의 합리적 경제행위를 모델로 삼고 이를 선택과정에 도입하려 노력하고 있다. 그래서 인간은 항시 선택과정에서 좀 더 계산적인 그리고 좀 더 높은 확률을 추구하려 한다. 그렇지만 우리는 여전히 많은 분야에서 수 없는 실수를 반복하며 살고 있다.

### 2) 제한적 합리성

위에서 살펴본 바와 같이 인간은 그들의 선택과정에서 감정이 개입되게 되고 휴리스틱을 사용하며 이에 따라 매번 유사한 실수를 범한다. 이 같은 의미에서 인간 제한적 합리성[11]이라는 가정은 실제 인간의 경제행위를 규명하는데 좀 더 현실적 가정의 역할을 수행할 수 있을 것이라는 생각이 든다. 이 같은 인간의 판단능력에 대한 실험 예를 몇 개의 문제를 통해 살펴보도록 하자.

문 1. 이에 대한 대답은 될 수 있으면 신속히 내려주기 바란다.

야구배트와 야구공을 합쳐 11만원이 되어야 하고 야구배트와 야구공의 가격 차이는 10만원이어야 한다. 그렇다면 야구공 값은 얼마일까? 이에 대해 상당수의 학생들은 1만원이라고 답할 것이다. 그러나 이것은 오답이다. 야구공이 1만원이라면 야구배트와의 가격차이가 10만원이 나야 하므로 야구배트는 11만원이 된다. 그런데 야구배트와 야구공을 합쳐서 11만원이 되어야 하므로 정답은 5천원이다.

컴퓨터에 의존하면 틀리지 않고 정확한 답을 얻을 수 있다. 그러나 인간들은 상당수가 오답을 말하게 된다. 이것이 인간이고 이것이 현실이다. 한편 우리가 살아가면서 수많은 선택을 함에 있어 수학적 계산이 뒷받침 되어야 하는 경우가 많다. 다음은 지극히 간단한 확률 문제를 풀어보기로 하자.

---

11) Kahneman, D,Maps of Bounded Rationality: Psychology for Behaviral Economics, American Economic Reviww: vol93, no5, pp1449-1475

문 2. 어떤 동네에 새로 한 가족이 이사 왔다. 아이가 2명이라고 했다. 이사 온 새로운 가족의 부인에게 물었다. "딸이 있습니까?" 그녀는 "예"라고 답했다. 그렇다면 다른 한 아이도 딸일 확률은 얼마인가? 많은 학생들이 1/2이라고 답을 할 것이다. 오답이다. 아이가 2명인 경우의 조합을 나열해보자. 여여, 여남, 남녀, 남남의 4가지이다. 딸이 있습니까? 라는 질문에 "예"라고 대답했기 때문에 남남의 조합은 제외된다. 따라서 총 조합은 여여, 여남, 남녀의 3가지이다. 이때 나머지 한아이도 여자인 것은 여여 하나이다. 그러므로 3가지 중 여여의 조합만이 답이 되므로 1/3이 된다.

문 3. 위의 경우에서 "큰아이가 딸입니까?" 라고 물었더니 "예"라고 했다. 그렇다면 나머지 한아이도 딸일 확률은? 이 경우, 총 4가지의 조합 여여, 여남, 남녀, 남남 중에서 첫째가 딸일 경우이므로 남녀와 남남의 조합은 탈락이다. 남은 경우는 여여와 여남의 2개 조합이다. 이중 첫째가 딸이고 둘째도 딸일 경우는 여여조합이다. 따라서 확률은 1/2이다. 이상에서 너무나 쉬운 확률문제도 우리의 현실 속에서는 쉽게 오류를 범할 수 있음을 알 수 있다. 이제 마지막으로 한 문제를 더 풀어보도록 하자.

문 4. 「퍼레이드」[12]라는 잡지의 인기 칼럼 「마릴린에게 물어보기」에서, 시대의 최고 IQ를 가졌던 칼럼 담당자 마릴린 보스 사반트[13] (Marilyn Vos Savant)와 독자들과의 다양한 질문과 답변에 대한

12) 도모노노리오, 전게서, pp49-51
13) 그의 IQ는 228이였다고 한다.

이야기의 예이다. 이 문제는 미국의 유명한 TV프로그램과 흡사하여 그 프로그램의 사회자 이름을 따서 몬티홀 딜레마(Monty Hall Dilemma)라 부른다.

문제는 다음과 같다.

문이 3개 있다. 그 문 중 하나의 문 뒤에는 고가의 자동차가 대기하고 있다. 나머지 문 뒤에는 염소가 있다. 문제에 대한 답변자가 이 문 3개중 자동차가 있는 문을 선택하면 고가의 자동차는 그의 소유가 되는 것이다. 엄청난 긴장감으로 답변자가 답변을 못하자 사회자가 도움을 주기위해 3개의 문 중 하나의 문을 열어 보여 주었다. 사회자가 연 문 뒤에는 염소가 있었다. 자 이제 당신이라면 애초에 생각했던 문을 그대로 유지할 것인가? 아니면 하나 남은 다른 문으로 선택을 바꿀 것인가?

이제 생각해 보기로 하자 만약 문 3개를 A, B, C 라고 하자. 그리고 당신이 문 A를 생각하고 있었다고 하자. 이때 사회자가 문 C를 열어주었는데 그 문 뒤에는 염소가 있었다. 그러면 그대로 A를 택할 것인가? 아니면 B로 옮길 것인가? A문이 당첨될 확률은 1/3, B문이 당첨될 확률도 1/3, 그리고 C문도 1/3의 확률이다. A문을 선택했으므로, B+C=2/3가 된다. 이때 C문 뒤에는 염소가 있었다는걸 알았으므로, B+C가 2/3의 확률이었는데 C의 확률이 0인 것을 알았으므로 B+C=2/3 그런데 C=0이므로 B가 2/3가 된다. 따라서 A문은 1/3, B문은 2/3이므로 B문으로 이동하다가 정답이라 했다. 이 답이 매스컴에 보도되자 미국전역에서 마릴린의 답이 틀렸다는 항의가 빗발쳤다. 그리고 오답을 선택한 사람들 중에는 수학을 전공으로 하고 있는 학자들 그리고 유명 수학자 돈

에드워드(Don Edward), 전설적인 수학자 폴 에르도슈(Paul Erdos)도 포함돼있었고 많은 저명 경제학자들까지 포함되어 있었다.

우리는 위에서 4가지 문제를 풀어보았다. 이 문제를 컴퓨터가 풀었다면 맨 마지막 문제를 제외하고는 정확한 답을 얻을 수 있을 것이다. 그러나 여러분이라면 상당수가 오류를 범하게 될 것이지만 이것은 인간이기 때문에 지극히 당연한 현상인 것이다. 이렇게 인간은 인간의 한계 속에서 제한된 합리성으로 수많은 선택에 부딪치게 된다.

# 제2장 비이성적 경제행위

1장에서는 인간의 선택행위에 대한 주류경제학의 가정인 합리성에 대하여, 현실적으로 그렇지 못한 예를 들며 제한적 합리성의 타당성을 논한 바 있다. 본장에서는 다음과 같은 내용들을 다루고자 한다. 인간은 경제적 인간과 달리 선택과정에서 감정이 개입하게 되며 따라서 항시 최선의 선택을 한다고 볼 수 없다. 감정개입에 의한 인간의 경제행위는 많은 비이성적 선택행위를 야기시킨다. 그리고 이 같은 비이성적 선택행위는 동일한 상황 하에서는 매번 동일한 비이성적 선택행위를 반복하게 되는 특징이 있다. 우리 주위에서 벌어지는 이 같은 인간의 비이성적 경제행위를 살펴보기로 하자. 이를 통해 인간의 심리변화가 선택행위에 미치는 영향의 중요성을 알 수 있을 것이다.

## 1. 이성적 경제행위의 모순

### 1) 특별보너스

어떤 중소기업의 사장이 새로운 수출프로젝트를 시행하면서 유난히 성실한 태도를 보여준 평사원인 K군에게 특별 선물을 주고 싶었다. 그런데 그 선물은 2가지였다. 하나는 40만원을 현금으로 주는 것 그리고 또 하나는 40만원 상당의 부부를 위한 2인 호텔 숙식권이다. 여러분이 사장이라면 어떤 방법을 택하겠는가?

주류경제학에서는 너무나 쉽고 당연한 선택이다. 그 답은 현금이다. 이것은 무차별 곡선과 가격 선을 알고 있는 사람들이라면, 무차별곡선과 가격선이 접하는 점이 효용극대화조건이 달성될 수 있는 조건임을 잘 알고 있다. 그리고 이때 40만원의 보조금이 발생할 경우, 효용극대화의 점은 어디로 이동할 것인가에 대한 질문으로, 첫 번째 현금보조인 경우와 두 번째 상품으로 지급될 경우 어떤 것이 더 높은 효용을 제공할 것인가 하는 문제이다. 그래서 당연히 현금의 지급이 최선이라는 결론이 나오는 것이다. 그러나 여기 선택과정에서 인간의 감정부분이 누락되었다. 이것은 우리가 살아가는 사회에서 매우 중요한 것으로서 여러분도 다시 한 번 생각해 보기로 하자.

평직원이 사장으로부터 현금 40만원을 받으면 매우 기쁜 일이다. 그것도 사장님이 수고했다하며 직접 현금봉투를 주었으니 기쁠 것이다. 그렇지만 어찌 보면 그 기쁨은 현금 40만원어치라고 볼 수 있다.

그러나 한 번도 가보지 못한, 돈이 있지도 않지만 있어도 감히 갈 수 없는 그 호텔에서 최고의 식사를 할 수 있는 특별한 경험을 주었다면, 그 평사원의 마음속에는 사장님으로부터 느낄 수 있는 따뜻한 연대감, 감사한 마음 특히 자기만을 유독 배려해준 사장님에 대한 깊은 정으로 가득할 것이다. 이에 반해 현금 40만원은, 그 당시 긴요하게 여러 용도로 사용할 수 있겠지만 시간이 흘러가면서 기억 속에서 쉽게 지워질 것이다.

그런데 만약 사장이 그 평사원에게 둘 중 하나를 선택하라고 한다면 어느 것을 고를까? 당연히 현금을 선택할 것이다. 그 평사원은 현금 40만원을 받아 그 호텔에 가서 호화로운 숙식의 경험을 하고 싶지만 반드시 그렇게 해야 할 이유가 없기 때문에 현금을 선택하게 되는 것이다. 그러나 선택권을 주지 않고 호텔 숙식권을 준다면 현금 지급보다도 더 큰 효용을 가져오게 된다. 결과적으로 봤을 때, 이성적인 선택은 현금 40만원이고 비이성적 선택은 호텔 숙식권이지만 그 효용의 크기는 비이성적 경제행위에서 더 크게 나타난다.

### 2) 선물

어떤 사람이 해외여행을 갔다. 그 녀에게는 아주 친한 친구 두 명이 있었다. 누가 더 친하고 덜 친한지는 분간할 수 없는 친구들이다. 그녀는 그녀 친구들에게 줄 선물을 사려고 아울렛매장에 갔다. 핸드백코너에 갔다. 핸드백이 최고급은 1,000만원도 넘었다. 그중 90% 세일하는 핸드백을 발견했다. 언뜻 보기에도 디자인은 형편없었다. 그러나 또 다른 것은 이것보다 더 형편없었다. 어쨌든 그중 제일 싼 핸드백을 80만원을 주고 하나를 샀다. 그리고 다른 한 친구에게 줄 선물을 사기 위해 다른 매점으로 갔다. 그곳에서 멋진 옷을 발견했다 70만원이었다. 이 브랜드에서는 제법 비싼 편에 속하는 것이었다. 핸드백매점은 모든 제품의 가격이 700만원 정도했고, 의류매장의 평균가격은 20만원 정도였다. 여행을 마치고 각기 선물을 나누어 주었다. 그런데 80만원짜리 핸드백을 받은 여성은 그리 반가워하지 않았고, 70만원짜리 옷을 받은 여성은 너무 감격해 했다. 주류경제학의 관점에서 보면 80만원이 70만원보다 크니까 당연히 80만원짜리 핸드백을 받은 여성이 70만원짜리 옷을 받은 여성보다 효용수준이 높으므로 기뻐해야 마땅하다. 그런데 결과는 정반대이다 왜 그럴까? 받은 사람의 입장을 고려하지 않은 것이다. 받은 사람들은 각 제품에 대한 완벽한 정보를 갖고 있지 못하다. 핸드백을 선물 받은 사람의 입장에서는 고급핸드백 브랜드 중 가장 싼 것을 선물 받았다. 모양도 별로였다. 여행을 갔다 온 친구가 자기를 생각하는 마음이 별것 아닌 것 같은 느낌이 든다. 그런데 옷을 선물 받은 친구는, 이 브랜드가 그냥 보통가격수준의 브랜드인데 그중 가장 최고급을 사온 것이다. 아! 이 친구는 나를 아주 소중하게 생각하고 있구나. 이 경우[14] 이성적 선택은 핸드백이지만 여기에 감정이 개입되게 되니까 비이성적 선택으로부터 더 큰 효용이 발생하게 되었다.

## 2. 시장원리와 도덕적 양심

### 1) 시장원리와 사회규범 1

MIT미디어 랩과 슬론 경영대학원 교수인 댄에리얼리(Dan Ariely) 교수와 UC샌디에고 대학교수인 우리그니지(Uri Gneezy), 그리고 알도 러스티치니(Aldo Rustichini)는 다음과 같은 실험[15]을 하였다.

---

14) 크리토퍼시, Economics in Action, 2009, 붇돋움, pp73-76
15) 댄애리얼리, 상식밖의 경제학, 2009. 청림출판, pp120-124

몇 년 전 이스라엘 탁아소에서는 직장에 다니는 여성들 혹은 개별적 사정이 있는 여성들이 이 탁아소에 아이들을 맡겨놓고 각자 일을 본 후 이곳으로 와 아이들을 찾아가고 있었다. 아이들을 찾아가는 시간은 오후 6시까지였다. 그런데 언제나 한 두 명의 아이 엄마들은 이 약속을 지키지 못하고 오후 6시 이후에 아이들을 찾으러 왔다. 탁아소 근무자들은 이런 엄마들 때문에 자연히 퇴근시간이 늦어질 수밖에 없었다. 그래서 이 같은 지각생엄마들을 없애기 위해 방안을 마련했다. 오후 6시 이후에 아이를 찾아가는 엄마들에게는 일정액의 벌금을 부과한 것이다. 그러나 벌금부과제도 시행의 결과는 의도와는 전혀 다른 것이었다. 벌금부과 이전에는 오후 6시를 지키지 못하는 엄마들이 한두 명에 불과했는데, 벌금을 부과한 이후 지각생 엄마들이 5,6명으로 늘어나 버렸기 때문이다.

우리가 살아가고 있는 사회에서 여러 가지 원칙이 존재한다. 그 하나는 우리가 살고 있는 자본주의 사회에서 적용되는 시장의 원리이다. 필요한 곳에 자원이 자연스럽게 최적 배분되는 원리이다. 그리고 또 하나는 사회규범이다. 내가 좀 편하려고 남을 어렵게 하거나 내가 좀 더 갖기 위해 다른 사람들에 아무런 배려 없는 행위를 하는 것 등이 그것이다. 우리가 살아가고 있는 이 사회에서 사람들이 서로 더불어 살아갈 수 있는 것은 어쩌면 사회규범이 큰 역할을 하기 때문일 것이다. 벌금부과 이전에 오후 6시의 약속을 못 지키던 엄마들은, 지키지 못함에 따라 다른 사람들 즉 탁아소 직원들에게 불편함을 끼친데 대해 도덕적 양심의 가책을 받아왔으며 될 수 있으면 남에게 피해를 주지 않기 위해 약속을 지키려고 최선을 다해왔다. 그러나 오후 6시 약속을 어긴 사람들에게 벌금을 부과시키자, 탁아소에 적용되던 규칙이 바뀌게 됐다. 즉 6시를 지키지 못한 데에 대한 대가로서 벌금을 지급하면 되는 것이다. 이제는 미안할 필요가 없어졌다. 탁아소 직원들이 오후 6시 이후에도, 늦게 오는 엄마들로 인해 초과시간을 근무하게 됐음에 대해 정당한 대가를 받는 새로운 시스템이 적용된 것이다. 예전에는 초과노동에 대한 대가를 지불받지 못하던 탁아소 직원들이 이제는 노동의 정당한 대가를 받게 됐다고 생각하게 된다. 그래서 이젠 떳떳하게 지각을 할 수 있게 된 것이다. 그 이후 이 탁아소는 벌금제도를 없애버렸다. 하지만 벌금제도가 있었던 때와 똑같이 엄마들의 지각인원은 변화가 없었다. 결국 다시 양심에 호소하려 했지만 이미 무너진 사회규범은 다시 복귀될 수 없었다. 사회규범이 시장원리에 지배되게 되면 그 회복은 불가능하다는 사실을 알게 됐다. 사회규범과 시장원리가 충돌할 경우 승자는 시장원리가 된다.

### 2) 시장원리와 사회규범 2

친구가 이사를 간다. 지금 살고 있는 곳에서 새로 살집까지 그리 멀지않은 거리로 이사를 간다. 거리로는 대략 500m정도 된다. 친구가 나에게 부탁을 한다. 사과상자 크기의 박스를 주며 중요한 것이니 파손되지 않게 옮겨 달라고 한다. 여러분은 친구가 이러한 부탁을 할 때 기분이 상하는가? 아마 대부분이 괜찮다고 답할 것이다. 이번에는 친구가 다른 부탁을 한다. 이삿짐센터 직원이 와서 무거운 짐을 옮기고 있다. 그 친구는 내게 이삿짐센터 직원들과 함께 그 무거운 짐을 옮겨 달라고 한다. 여러분은 이 경우 어떤 기분이 드는가? 많은 사람들이 별로 기분이 안 좋다고 할 것이다. 후자의 경우는, 친구사이에서 사회규범의 틀을 벗어나는 행동이기 때문이다.

### 3) 시장원리와 사회규범 3

기업들이 이익만을 추구하는 회사 이미지 보다는 사회적 기업의 느낌을 주는 것이 기업경영에 유리한 것은 두말할 필요도 없다. 그래서 고객이 자신들과 한 가족이라는 느낌이 들게 하거나 공동운명체 혹은 한배를 탄 친구 같은 이미지를 심어주기 위해, "당신의 좋은 이웃, ○○○, 이 여기 있습니다." 혹은 "당신은 할 수 있습니다. 저희가 도와드리겠습니다."와 같은 격려 문구를 사용한 것을 본적이 있을 것이다. 훌륭하고 획기적인 발상이다. 만약 고객이, 기업이 바라는 이미지를 갖게 된다면, 그 기업에 대한 고객의 충성도는 물을 필요가 없을 것이다. 혹여 기업이 작은 실수를 하더라도 고객은 항시 관용을 베풀 것이다. 그러나 다음과 같은 경우에는 조심을 하여야 한다. 예를 들어 고객의 수표가 일시적 잔고부족으로 부도가 난 경우. 은행이 시장규칙에 따라 고객에게 수수료를 물리고 일을 마무리 한다면…… 고객은 그 회사에 대한 충성도를 하루아침에 버리고 그 은행과 거래를 끊을 것이다. 그리고 친구들에게 이 괘씸한 회사에 대한 불만을 전달할 것이다. 회사의 이미지가 아무리 잘 전달되어 졌더라도, 실제 업무에서 이 같은 실수는 그간의 모든 노력을 허사로 돌리는 행위가 될 것이다. 만약 이 경우에, 당신이 고객의 입장이라면 어떻게 하겠는가? 그리고 이 경우 은행 담당자가 친절하게 전화를 걸어 사실을 통보하면서 수수료를 철회해 준다면, 당신의 기분은 어떠하겠는가?

### 4) 사회규범의 효과

세인트 토마스 대학교수인 제임스 헤이먼(James Heyman)과 댄 애리얼리와의 실험내용[16]이다. 컴퓨터 화면 한쪽에 원을 배치하고 반대쪽에 네모상자를 배치했다. 마우스를 이용해 사람이 한쪽의 원을 네모상자 안에 끌어다 넣는 것이다. 네모상자 안에 원을 끌어다 넣으면 화면 한쪽에는 새로운 원이 나타나고 네모상자 안에 넣은 원의 개수가 몇 개인지 측정될 수 있도록 했다. 실험참가자에게 가능한 많은 원을 끌어다 놓으라고 하고 5분의 시간을 주었다. 실험참가자들 중 첫 번째 그룹에게는 실험 전 실험참가 대가로 5달러를 지급했고, 두 번째 집단에게는 50센트를 사전에 지급했다. 그리고 마지막 그룹에게는 돈을 지급하지 않았다. 사회적 규범의 차원에서 무료로 실험에 참여해달라고 했다. 그 결과 5달러를 받은 첫 번째 그룹에서는 159개의 원을 끌어다 놓았고, 50센트를 받은 참가자들은 평균 101개의 원을 끌어다 놓았다. 그리고 무료로 참가한 세 번째 그룹은 평균 168개의 원을 끌어다 놓았다. 이 경우 사회규범이 시장규칙을 이겼다. 그리고 값이 드러난 선물은 참가자들을 사회규범의 세계로 머물도록 하지 않고 시장규칙의 세계로 들어가게 했다.

## 3. 상대적 선택기준과 미끼상품

### 1) 중고차판매

어떤 사람이 중고차 구입을 위해 중고차 판매점에 갔다. 중고자동차 딜러가 친절히 맞아주며 그 손님에게 안성맞춤인 차량이 있다고 하며 차량 3대를 보여주었다. A1차량은 A회사의 차량이고 B1과 B2는 동일한 B회사의 차량이며 동일 모델이다. 그런데 B1은 차량 앞 범퍼에 흠집이 있었고 B2는 완벽하였다. 그리고 세 차량 모두 가격이 비슷했

16) 댄애리얼리, 전게서, pp113-115

다. 특히 B1과 B2는 동일한 가격이었다.

당신이라면 어느 차량을 선택하겠는가? 대부분의 사람들은 B2를 선택할 것이다. 왜 그럴까?

A회사의 차량과 B회사의 차량은 생산회사가 다르기 때문에 서로 비교하기가 곤란하다. 그런데 B1과 B2는 동일한 B회사의 동일모델이다. 따라서 두 차량은 비교가 가능하며 B1은 B2에 비해 단점을 갖고 있는 차량이다. 그러므로 B2차량을 선택하게 된다. 그러나 중고차 딜러가 보여준 3차량 중 B1은 미끼상품이었다. B2차량을 판매하기 위한 미끼상품인 것이다.

### 2) 여행상품

어떤 여행사에서 미국 9박 10일과 유럽 7박 8일의 두 가지 상품을 내놓았다. 미국행 상품과 유럽행 상품은 가격도 동일하고 볼거리도 거의 비슷할 정도의 상품이다. 이 두 상품은 호텔에서 아침식사는 무료이다. 만약 이 회사가 유럽여행 상품을 더 판매하고 싶다면, 어떻게 해야 하겠는가? 답은 미끼상품을 만들면 된다. 즉 유럽 7박 8일과 동일한 상품을 내놓고 가격도 동일하지만 미끼상품에서는 조식을 제공하지 않으면 된다. 그렇게 되면 동일한 유럽 7박 8일 상품이면서, 하나는 조식을 제공하고 다른 하나는 조식을 제공하지 않으면 미국 여행상품보다 조식을 제공하는 유럽여행 상품으로 여행객이 몰려들게 된다.

### 3) 잡지판매

어떤 잡지회사가 온라인과 오프라인의 2가지로 잡지를 판매하고 있다. 즉 온라인에서 잡지를 구독할 수 있는 상품과 오프라인 인쇄본 구독에서 잡지를 구독할 수 있는 상품이다.

온라인 1년 구독료 6만원 그리고 인쇄본 오프라인 1년 구독료는 12만원이다. 이때 이 회사가 판매량을 늘리기 위해서는 어떻게 해야 하는가? 답은 역시 미끼상품이다.

그러나 이 경우 미끼상품은 이미 만들어 내 놓은 상태이다. 그 이유는 다음과 같다. 이 회사는 3가지 상품을 내놓는다. 첫째 1년간 온라인 구독료 6만원 1년간 오프라인 구독료 12만원, 그리고 1년간 온-오프라인 다 취할 수 있는 새로운 상품의 구독료 13만원이다. 사람들은 두 번째, 세 번째를 비교할 것이다. 1만원만 더 내면 온-오프라인을 전부 구독할 수 있다. 온라인만 구독하려 해고 6만원이 드는데, 결국 온라인 판 6만원짜리를 1만원에 구입한 폭이 되므로 사람들은 세 번째 상품 즉 온-오프라인을 전부 구독하는데 13만원이 소요되는 상품을 구입하려 한다.

### 4) 장동건과 원빈

댄 에리얼 리가 실험한 내용의 등장인물을 한국의 유명배우로 대체하여 설명하려 한다. 물론 이 실험은 댄 애리얼리의 실험임을 밝혀둔다.

A라는 실험집단에게는 3가지 사진을 나누어 주었다. 첫 번째는 잘생긴 장동건 사진, 두 번째는 보기 싫을 정도로 일그러진 장동건의 사진 그리고 3번째는 잘생긴 원빈의 사진이다. B라는 실험집단에게는, 첫 번째 잘생긴 장동건 사진, 두 번째 잘생긴 원빈 사진, 세 번째 보기 싫을 정도로 일그러진 원빈의 사진이다. A집단과 B집단에게 각각 누가 더 잘생겼냐고 물었다. A집단은 장동건, B집단은 원빈이라고 답

했다. 여러분도 이 답을 예상했을 것으로 생각한다.

### 5) 연봉

내가 처음 대학교수가 되었을 때는 100만원 정도의 월급을 받았다. 그때 나는 이런 생각을 했다. 한 20년만 지나면 500만원 정도는 받을 수 있겠지? 나는 지금 거의 1억에 가까운 연봉을 받는다. 그런데 나의 바람이 이루어 졌는데도 전혀 기쁘지 않다. 불만이 더 많다. 왜냐하면 나와 같은 길을 걷고 있는 동창생 녀석들이 나보다 더 많은 연봉을 받고 있기 때문이다. 1993년 미국의 연방증권 조정위원회는 처음으로 임원들에게 터무니없는 보수와 특전을 주지 못하도록 그들의 보수를 공개하도록 했다. 그런데 1976년 CEO의 평균 보수가 일반 직원의 36배였으나, 공개 후 1993년 CEO의 평균보수는 일반 직원의 131배가 됐다. 보수내용이 공개되자 언론을 통해 이 내용이 알려졌다. 그러자 CEO들이 자신들의 보수를 다른 사람들과 비교하게 되었고 이 같은 현상은 결국 임원의 보수를 하늘 높은 줄 모르게 상승시켰다.

### 6) 사례비교

이 실험은 아모스 트베르스키(Amos Tversky)가 수행한 내용이다.

어떤 사람에게 2가지 과제를 주었다. 하나는 멋진 고급 볼펜을 사는 것이고 또 하나는 멋진 양복을 한 벌 사는 것이다. 이제 이 사람이 볼펜을 파는 가게로 갔다. A회사의 멋진 고급볼펜, 가격은 8만원이었다. 그런데 이 가게에서 도보로 20분 정도 걸어가면 A회사의 동일한 이 멋진 볼펜을 판매함을 알았다. 이 사람은 20분을 걸어가서 이 볼펜을 5만원에 구입했다. 그리고 다음 양복을 사려고 어떤 백화점에 갔다. 정말 원단도 너무 좋고 색깔도 디자인도 너무 마음에 들었다. 양복 가격은 90만원이었다. 이 백화점에서 도보로 20분만 걸어가면 다른 백화점에서 이것과 똑같은 양복을 87만원에 판매하고 있다. 이 사람은 이 사실을 알고 있지만 그냥 이 백화점에서 90만원을 주고 샀다. 어떤 상품의 경우에는 동일한 돈을 아낄 수 있는데도 걸어가서 다른 것을 사고, 또 어떤 상품은 그렇지를 않고…… 왜 이런 행동을 취하는 것일까? 동일한 액수라 하더라도 상대성의 관점에서 숙고하고 결정한다는 것이다. 콩나물을 살 때 어느 제품이 용량이 많은가를 저울질하면서 자동차를 살 때는 몇백만원씩 하는 가죽시트를 옵션으로 기꺼이 선택하는 것 또한 마찬가지 현상이다.

## 4. 앵커(Anchor)

### 1) 앵커(Anchor)와 자기양떼 현상(Self herding)[17)]

박물학자 콘라드로렌츠(Konrad Lorenz)는 알을 깨고 세상 밖으로 처음 나오는 새끼 거위는 그가 처음 본 것에 애착과 애정을 갖게 된다고 한다. 어느 TV프로그램에서도 이와 유사한 실화를 방영해 준 적이 있었다. 어미를 잃은 야생의 늑대새끼가 처음 본 사람에 대해 애착과 애정을 갖는 장면이었다. 그 처음 본 사람이 어미인줄로 착각하고 줄줄 따라다니는 모습을 보고, 처음 본 사물에 대한 결정 즉 사람을 어미로 보는 행위 그리고 첫 번째의 결론은 끝까지 지속되어 진다는 사실을 알았다. 그는 이런 현상을 각인(imprinting)이라 했다.

각인의 원리는 인간에게도 통용된다. 행동경제학에서는 이를 앵커

17) 댄애리얼리. 전게서, pp71-75

(Anchor)라 한다.

얼마 전 우리 동네에 새로운 만두가게가 문을 열었다. 사람들이 엄청나게 줄지어 서있었다. 나는 저 집의 만두 맛이 굉장히 좋은가 보구나 생각했다. 그리고 어느 날 나도 그 대열에 합류했다. 다른 사람들도 길게 줄을 늘어 선 것을 보고 이 대열에 합류했을 것이다. 이런 행동이 양떼현상(herding)이다. 즉 다른 사람의 행동을 기준으로 상황을 판단하고 그들이 하는 것을 따라 하는 것을 말한다. 그런데 이와는 조금 다르게 이전에 자기가 했던 행동을 기준으로 상황을 판단하고 행동하는 경우가 있다. 이것은 자기양떼 현상(self herding)이라 부른다.

커피 전문점들이 생겨나기 전에는 누구나 이름만 들어도 알 수 있는 그런 가게는 없었다. 커피 가격이라고 해야 1,500원 정도 이었다.

어느 날 동네에 유명 커피 전문점이 문을 열었다. 호기심 등등으로 해서 들어가 커피를 맛보았다. 이전에 다니던 커피가게와는 맛에서 상당한 차이가 있었다. 아주 맛이 좋았다. 그런데 가격은 2,500원이었다. 그 다음 그 앞을 지날 때 나도 모르게 멈칫 멈칫하다가 다시 그 유명 커피 전문점으로 들어갔다. 그 이후 그 앞을 지날 때면 이전에도 그랬듯이 자연스럽게 내가 행했던 행동을 따라 들어가게 되었다. 커피 가격이 3,000원, 4,000원, 5,000원으로 올라갔는데 말이다. 커피를 마시는데 훨씬 더 많은 돈을 지불하는 것도 당연해 지면서 새로운 소비 형태를 만들게 된 것이다. 처음 생긴 커피 전문점에 다른 사람들이 줄을 지어 출입하는 것을 보고 나도 거기에 동참하게 되는 양떼현상, 그리고 이 환경에 익숙해지고 이전에 내가 행했던 것이 기준이 되어 또다시 나 자신을 따라 행동하는 자기양떼 현상. 이 같은 현상의 대표적 성공사례 중의 하나는 스타벅스 커피일 것이다. 스타벅스는 다른 커피숍과 차별화를 두기 위해 커피의 맛 뿐 아니라 실내 분위기에 더 큰 비중을 두었다. 즉 실내 분위기를 스타벅스 창업 초기부터 유럽풍 커피로 시작했다. 내가 동네의 일반 커피점을 앵커로 만든 것은 이러한 차별화전략 때문이다. 그리고 이것은 스타벅스가 엄청난 성공을 거둔 이유이기도 하다.

## 2) 공급과 수요

기존 경제학에서 수요는 그 재화의 가격, 다른 재화의 가격, 기호, 소득 그리고 인구 등이 변화할 때 변화한다고 했고 공급은 그 재화의 가격, 다른 재화의 가격, 기술 그리고 원자재 가격 등이 변화할 때 변화한다고 했다. 그리고 수요는 공급과 독립적으로 움직인다고 했다. 그러나 수요는 공급으로부터 완전히 독립된 힘이 아니다. 만약 사람들이 이전 가격과 가격 인상분을 확실히 알고 있다면, 가격변화는 수요에 큰 영향을 미친다. 그러나 이전 가격을 기억하지 못한다면 가격변화와 수요에 미치는 영향은 미비할 것이다. 예전에 1리터에 1,500원하던 휘발유가 이제 2,000원으로 상승했다고 하자. 만약 사람들이 예전의 가격과 지금의 가격을 확실히 알고 있다면, 사람들은 그 상승폭에 놀라 휘발유 소비량은 대폭 줄어들 것이다. 그러나 만약 예전이라는 시기가 시간적으로도 긴 시간을 의미한다면 사람들의 기억 속에 예전의 휘발유 가격에 대한 정보는 잊어버린 상태이다. 그러므로 지금의 2,000원을 anchor 생각하게 된다. 이 경우에는 수요량의 변화가 미비할 것이다. 휘발유 가격이 단기에 대폭 상승하면 수요량이 급격히 줄어들지만 장기적으로는 다시 수요가 원래의 수준으로 복귀되어 질수 있음을 의미한다.

### 3) 공짜가 갖는 의미

0은 가격의 형태가 아니다. 가슴을 두근거리게 하고 사람을 비이성적으로 만들 수 있는 숫자이다. 우리 주부들이, 마트에 가서 덤으로 붙어있는 상품들에 현혹되어 그렇게 긴요하게 쓸 필요도 없는 제품을 구매하는 경우를 종종 볼 수 있다. 공짜에 혹해 원하지도 않는 구매행위를 한 경우이다. 공짜제품을 얻는 순간 손해의 가능성은 전혀 없다. 공짜가 아닌 제품을 선택할 때는 어떨까? 제품 선택에 대한 결정이 잘못된 것일 수도 있다는 위험성이 항시 존재한다. 즉 손해 볼 가능성이 있다는 얘기다. 이 같은 맥락에서 공짜는 가격의 형태가 아니다. 공짜효과(zero price effect)라고 부르는 이것은 이것만의 독특한 영역을 갖고 있다. 인터넷으로 상품을 주문하는 경우의 대부분이, ○만원 이상을 주문할 경우에는 배송료가 무료이고 그 미만인 경우에는 배송료를 부담해야 한다. 배송료를 부담하는 경우는 본인의 돈이 들어가는 것이고 배송료를 부담하지 않는 경우에는 공짜의 개념이 성립하므로, 배송료가 공짜일 수 있는 구매 액을 채우기 위해 필요도 없는 제품을 구매하는 경우가 허다하다. 바로 공짜의 함정인 것이다. ○○○○원두커피 200g에 16,000원, ○○원두커피 200g에 23,000원 내가 좋아하는 것은 후자이다. 그런데 배송료 2,000원이 너무 억울해서 전자의 원두커피를 추가로 주문한다. 그리고 전자의 원두커피는 맛이 그다지 좋지 못해서 다음번 커피 주문 시에 까지 반은 못 먹고 남긴다. 나도 항시 공짜의 함정에 걸리면서 살아가고 있다.

현대인들은 건강에 대한 관심도 매우 높다. 친구와 주점에서 맥주를 시키고자 한다. 10칼로리 맥주와 칼로리 zero의 맥주. 어느 것을 고를 것인가? 당연히 0칼로리 맥주이다. 그리고 마치 건강해진 것과 같은 흐뭇한 마음으로 감자튀김을 주문한다. 만약 당신이 사업가라면 어떤 공짜 전략을 쓰겠는가? 자동차 판매를 하고 있다면 자동차를 더 판매하기 위하여 관련 세금을 낮추는 것이 아니라 면제를 해주는 방향으로 나가야 한다. 국가 보건의료정책을 담당하고 있는 사람이라면, 단순히 환자 본인의 부담금을 줄여주는 방식이 아니라 질병에 대한 다양한 검사를 정기적으로 할 수 있게 하는 방향으로 틀을 잡아야 국민의 전체적 건강이 증진될 것이다. 즉 중요검사를 무료로 시행하는 방법을 연구해야 할 것이다. 비용을 깎아주는 것이 아니라 공짜로 해주어야 한다는 것이다.

### 4) 거래의 어려움

도시에 거주하고 있는 사람들의 상당수가 아파트에 살고 있다. 그리고 가끔은 거주지를 옮긴다. 이사를 위해서는 살고 있던 아파트를 팔고 새로운 아파트로 이사를 가야 한다. 아파트를 사고 팔 경우 쉽게 거래가 이루어지는 것은 보기가 힘들다. 자기가 타던 자동차를 팔고자 할 때에도 자기가 원하는 의도대로 매매가 이루어지기는 힘들다. 그 이유는 어디에 있는 것일까? 1994년 파리 경영대학의 지브카몬(Ziv Camon) 교수와 댄 에리얼리 교수가 이에 대한 실험을 하였다. 미국의 대학생들도 전세계대학생들과 마찬가지로 농구경기를 무척 좋아한다. 미국의 듀크대학 학생들도 그들이 보고 싶어 하는 농구경기의 입장권을 구하기 위해 야외에서 텐트를 치고 야영을 했다. 그러나 농구장 입장권은 추첨에 의해 취득할 수 있었는데 그 경쟁률은 상당히 치열했다. 극히 일부만이 입장권을 손에 넣을 수 있었고 대부분의 학생들은 빈손으로 돌아가야만 했다. 입장권을 손에 쥔 학생들 중 높은 값에 입장권을 팔기를 원하는 사람도 있었다. 또한 입장권을 손에 쥘 수 없었던 사람들 중 상당수는 어떠한 대가를 지불하고서라도 꼭 그 입장권을 갖고자 하였다. 이 두 가지 상반된 입장을 표명하는 사람들에 의해 입장권의 매매가 성립하게 된다. 그러나 이 매매는 쉽게 성사되지를 못했다. 파는 사람이 받고자 하는 가격과 사고자 하는 사람이 지불하고자 하는 가격차이가 크기 때문이다. 평균적으로 입장권이 없는 학생들은 입장권 1장에 170달러 정도의 대가를 지불할 의사를 표명하였다. 이에 비해 입장권을 갖고 있는 학생들은 입장권 1장에 2,400달러 정도를 받기를 원했다. 입장권을 소유하고 있는 사람들과 원하는 사람들 간의 소유에 대한 생각이 다르기 때문이다. 이것은 인간의 비이성적 3가지 습성 때문이다.

첫 번째 습성은, 이미 소유하고 있는 것에 대한 깊은 애착을 들 수 있다. 입장권을 얻기 위해 다른 모든 것을 포기하고 곤충들이 득실대는 축축한 땅에서 힘든 야영을 한 생각, 그리고 그렇게 바라던 눈부신 입장권을 자기 자신의 수중에 넣어 마치 개선장군이라도 된 것 같은 기분을 느끼게 해주었던 그 입장권을 내가 소유하게 된 것들이 더욱 소유에 대해 애착을 갖게 한다. 내가 한동안 타왔던 자동차, 나와 함께 기쁨과 슬픔을 같이했던 애마 이런 자동차를 팔고자 할 때의 심정은 어떠할까? 모든 추억이 서려있던 365일 나와 한 몸이었던 나의 애마에 대한 애착은, 이 차에 대해 아무것도 모르고 있는 사람과는 전혀 다를 수밖에 없다.

두 번째 습성은 새로 얻을 것보다 잃을 것에 대한 집착이 훨씬 강하다는 것이다. 농구경기의 입장권을 얻었지만 이를 팔고자 하는 사람들은, 그 농구경기를 직접보지 못한 것에 대한 아쉬움이 너무나 커서 이것을 포기하기 위해서는 충분한 대가를 얻어야만 한다고 생각한다. 자기가 타왔던 자동차를 파는 사람은 그 자동차에 얽혔던 모든 추억들도 함께 파는 것이 되므로 그 차에 대한 집착은 엄청나게 클 수밖에 없다. 단순하게 중고차를 파는 것이 아니라 이 자동차에 묶여있던 지난 시간들의 아름다운 추억들 까지도 판매하는 것이므로 이것들도 돈으로 환산되어 자동차의 판매가격에 추가되어지게 된다.

세 번째 습성은, 상대도 나와 같은 생각으로 이 거래에 임하고 있을 것이라고 여기는 것이다. 위에서 얘기했지만 입장권을 파는 사람은 그 경기를 볼 수 없음에 대해 매우 안타까워한다. 이 같은 생각을 입장권 판매자가 입장권을 사는 사람도 하고 있을 것이라고 생각한다는 것이다. 중고 자동차 판매자 또한 이 자동차에 얽힌 모든 지난날들의 추억까지도 구입자가 알고, 이해하고 있다는 생각을 한다. 그래서 판매자와 구매자간의 매매가격에 대한 가치부여의 차이로 인해 거래가 쉽게 이루어 질 수 없게 되는 것이다.

이 같은 소유의식은 내가 소유하고 있는 것에 대해 노력을 더 많이 투입할수록 소유의식은 더 강해지는 특성이 있다. 하버드 대학의 마이크 노튼(Mike Norton) 교수와 댄 애리얼리 교수는 이런 현상을 이케아[18](Ikea)효과라고 했다.

또한 소유의식의 특이성 중의 하나는, 무엇인가를 소유하기도 전에 그것에 대한 정보를 접하면서 마치 그것의 주인이 나 자신이 된 것 같은 느낌을 갖게 되는 특성이 있다.

이 같은 특이성을 이용하고 있는 분야가 광고이다. 멋진 자동차를 타고 지나가는데 너무나 아름다운 여성의 눈길이 자동차 운전자에 집

---

18) 스웨덴의 세계적인 조립식 가구업체. 고객이 손쉽게 부품들을 조립할 수 있게끔 하여 제품에 대한 강한 소유의식을 불러일으키게 끔 했다.

중되는 TV광고, 이 광고를 보면서 그 운전자가 마치 자기 자신이 된 듯한 착각을 하게 된다. 그리고 그 자동차에 더 많은 관심과 호감도를 갖게 된다.

## 5. 고정관념과 판단

이미 형성된 인상이 우리의 생각을 어떻게 왜곡시키는지를 알아보기 위해, 레너드리(Leonard Lee) 교수와 MIT대학의 셰인 프레데릭(Shane Frederic) 교수가 MIT대학교내에서 학생들을 대상으로 실험을 하였다. MIT대학 내 머디 찰스(Muddy Charles)라는 술집에서 몇 주간에 걸쳐 실험이 행해졌다.

이 술집에 자주 오고 있는 단골손님들 중의 한명에게 먼저 버드와이저를 갖다 준다. 그리고 그 후 MIT라는 이름의 맥주, 즉 실험을 위해 이름을 지어낸 맥주인 MIT맥주를 갖다 준다. MIT맥주는 버드와이저 맥주 1온스 당 2방울의 식초를 첨가한 것이다. 시식 후 그에게 물었다. 어느 쪽 맥주를 큰 잔으로 마시고 싶은가요? 마셨던 맥주의 맛을 다시 기억하면서 그는 대답했다. MIT맥주요. 이번에는 실험방법을 달리했다. 다른 단골손님 중 한명에게 위의 두 가지 맥주를 시음하게 했다. 그러나 시음 전 두 가지 맥주에 대한 성분을 미리 말해주었다. 시음 후 단골손님에게 물었다. 어느 쪽 맥주를 큰 잔으로 마시고 싶은가요? 대답은 버드와이저였다. 이 같은 실험은 많은 학생들에게 행해졌다. 그리고 위의 2명과 거의 유사한 반응을 보였다.

이 실험에서 알 수 있는 것은, 누군가가 먼저 “이것은 맛이 없어”라고하면 다른 사람들도 그것에 동의할 가능성이 높다는 것이다. 식초의 맛을 좋아하는 사람이 어디에 있겠는가? 버드와이저에 식초를 넣었다는 정보를 미리준 것은, 이 MIT맥주는 맛이 없다. 라고 말한 것과 같은 효과였던 것이다.

이번에는 MIT대학 내에서 하버드대 경영대학원의 엘리오펙(Ellie Ofeck) 교수와 런던 경영대학의 마르코 베르티니(Marco Bertini) 교수가 즉석커피숍을 열어 커피에 대한 설문실험을 하였다.

공짜 커피이므로 시음하기 위해 긴 줄이 생겼다. 커피를 받아든 학생들은 빈 탁자로 가서 커피를 즐겼다. 탁자에는 우유, 크림, 백설탕, 흑설탕 등 커피 첨가물이 준비되어 있었다. 그리고 이것 이외에 색다른 첨가물인 정향, 오렌지껍질, 생강, 파프리카 등도 준비되어 있었다. 참가자들은 자신이 원하는 첨가물을 선택하여 커피를 맛본 뒤 설문지를 작성하였다. 이 실험은 며칠간 계속되었다. 학생들 중 색다른 첨가물을 넣은 학생은 없었다. 그래서 가끔 색다른 첨가물을 유리와 금속으로 된 예쁜 용기에 넣어두거나 모두가 혹할 수 있는 예쁜 기기들과 함께 화려하면서도 귀티가 나는 은색 티스푼도 함께 넣어두었다.

실험결과, 아무리 예쁜 용기에 넣어둬도 색다른 첨가물을 선택한 사람은 없었다. 그러나 색다른 첨가물을 예쁜 용기에 담아 두었을 때, 그것을 넣는 사람은 없었지만 이전의 커피보다 지금의 커피가 더 맛있다는 평을 했다. 동일한 커피인데도 그런 결과가 나왔다. 즉 고급스럽고 우아한 분위기를 연출하면 커피 맛도 덩달아 고급스러워 진다는 것이다.

앞에서 언급한 코카콜라와 펩시콜라 실험을 좀 더 상세히 살펴보기로 하자. 코카와 펩시의 브랜드를 모르고 시음했을 때는 복내측전 전두피질이라 불리는 강한 애착과 연관된 신경중추가 활성화되었다. 그런데 시음하는 상품이 어떤 브랜드 인지를 알고 난 후에는 다른 현상이 추가로 나타났다. 기억작용, 연상 작용, 고차원의 인지 및 사고 작용을 주관하는 이마부위에 있는 측배전 전두피질도 활성화되었다. 물론 펩시브랜드를 안뒤 시음했을 때도 이 같은 현상이 발생하긴 했지만 코카의 경우보다는 덜 활성화되었다. 그리고 이 같은 반응 차이는 코카를 좋아 하는 사람들에게서 더 크게 발생하였다. 눈을 뜬 상태 하에서의 실험에서 코카가 더 많은 표를 얻은 것은 코카가 갖고 있는 브랜드 효과 때문이다. 브랜드 효과는 어떤 의미에서 특정상품에 대한 고정관념이라 할 수 있다.

## 6. 플라시보(Placebo)효과

### 1) 플라시보효과

플라시보라는 말은 라틴어에서 온 것으로서 "만족시킬 것이다"라는 의미를 갖고 있다. 성격이 무척 예민한 사람들에 있어, 몸이 조금 안 좋은 것 같은 느낌이 들면 자기 자신이 큰 병이 걸린 것이 아닌가하는 걱정을 하게 되고 시간이 지날수록 걱정은 커지고 몸이 아픈 증상은 점점 더 강하게 다가온다. 마침내 병원에 가서 의사를 만나고 몇 가지 검사를 마친 뒤, 의사로부터 아무런 이상이 없다는 소리를 들으면 씻은 듯이 몸이 다 나아지곤 하는 경우들을 종종 볼 수 있다. 얼마 전 내 주위에서 일어난 일을 소개하고자 한다. 다소간 건강 염려증이 있는 어떤 사람이 음식만 섭취하면 소화가 너무 안 되고 식욕도 없으며 컨디션이 무척 좋지 않음을 부인에게 얘기를 했다. 툭하면 아프다고 하는 남편에게 괜찮다고 하면 신경질을 부렸으며 사실 부인의 말은 신뢰를 하지 않는 편이었다. 그리고 몇 번 이와 같은 증상이 나타났을 때 병원에 찾아가 검사를 해봤지만 별 이상은 발견하지 못했다. 이번에도 몸이 너무 안 좋다고 하니 부인은 남편을 데리고 병원에 갈 수밖에 없었다. 여러 가지 검사를 마쳤으나 별다른 이상을 발견할 수는 없었다. 남편의 이와 같은 성격을 의사에게 말하자, 의사는 한 가지 방법을 의사에게 제시했다. 아무 의학적 효과도 없는 가짜 약을 환자에게 지급하자는 것이었다. 의사는 환자에게 이 약을 복용하면 완전히 치유될 수 있다고 하며 효능이 아주 약한 소화제와 비타민제를 처방해주었다. 남편은 그 약을 먹자마자 완벽히 치유되어졌다. 지금도 그 남편은 자기 자신이 먹은 약이 거의 밀가루반죽 수준이었음을 모르고 있다. 이와 같은 것이 플라시보효과이다. 일반적으로 플라시보가 효력을 갖도록 하기 위해서는 특별한 기대감이 있어야 한다. 그 첫 번째는 치료자에 대한 신뢰와 처방약과 시술기기 및 시술기술에 대한 신뢰와 믿음이다. 자신의 치료를 담당하고 있는 의사에 대한 굳건한 믿음. 그의 치료에 사용될 첨단의료장비들에 대한 신뢰, 그리고 이들의 조합으로 이루어 내는 존경할만한 의료기술에 대한 믿음. 이런 것들이 있어야 한다는 것이다.

또 다른 기대 같은 조건화(conditioning)이다. "파블로프의 개" 실험에서 알 수 있듯이 인간의 육체는 반복 경험에 의해 어떤 특정 상황에 대한 기대감을 갖게 된다. 개에게 밥을 줄때마다 종을 울렸다. 개는 종이 울리면 밥을 먹을 수 있으므로 종소리만 들리면 개의 입에는 침이 고이게 된다. 마침내 밥을 주지 않아도 종소리만 들으면 개는 침을 흘린다. 즉 그 개는 종소리에서 기대감을 갖게 된 것이다. 어떤 환자가 통증으로 너무 고통스러워 간호사를 불렀다. 간호사는 그 환자에게 통증을 완화 시킬 수 있는 약을 투여했다 이 같은 상황이 지속되어질 때, 환자는 간호사만 보아도 어느 정도 통증이 사라지게 된다. 고통을 느끼는 상태 하에서 기대감이 생겨나면 엔도르핀이나 진통 물질 같은 호르몬과 신경물질이 분비된다. 그것들은 고통을 감소시켜 줄뿐 아니라 기분도 좋게 만들어 준다. 특히 엔도르핀은 코카인과 같은 수용체를 이끌어 낸다.

## 2) 제품가격과 플라시보효과

값비싼 진통제는 값싼 진통제보다 효과가 클까? 별로 귀에 익숙하지 않은 제약회사의 감기약을 먹으면 감기를 나을 수 있을까?

다른 것은 몰라도 우리는 우리의 건강에 직결된 것은 최고를 지향한다. 아무리 구두쇠라도, 병이 발생하면, 최고의 의료진으로 최고의 약을 복용하기를 원한다. 이에 대한 실험 예가 있다.

스탠퍼드 대학의 바바쉬프(Baba Shiv) 교수와 댄에리얼리는 새로운 진통제인 벨라돈RX를 갖고 실험을 하였다.

실험을 위하여, 참가자들에게 몇 가지 고통을 수반하는 전기 자극 등의 실험을 실시했고 그 고통은 상당한 수준이었다. 이 같은 실험을 진행하는 사람은 벨라돈RX를 만들어낸 제약회사의 약사였다. 그 후 그녀는 실험참가자에게 벨라돈에 대한 안내서가 적혀있는 문구와 함께 벨라돈을 지급했다. 문구에는 벨라돈이라는 신약의 우수성과 획기적 성능에 대해 적혀있었다. 벨라돈의 약효는 먹고 난 후 15분이 지날 때 최고의 약효를 나타낸다고 했다. 그리고 벨라돈의 가격은 1알에 2달러 50센트라고 인쇄되어 있었다. 마침내 약을 먹고 15분후 그 약사가 들어와 다시 처음에 실시했던 고통스런 전기 자극 실험을 했다. 그리고 그 반응을 조사했다. 그 결과 약 복용 후 고통은 대단한 수준으로 감소했다는 결과를 얻었다. 이번에는 동일한 실험이지만 벨라돈의 약값이 단돈 10센트라고 인쇄된 벨라돈을 복용하게 하였다. 실험결과는 놀라웠다. 약복용에도 고통감소는 별 효과가 없는 것으로 나왔다. 동일한 약을 복용하였음에도 비싼 약은 효과가 컸으며 싼 약은 그 효과가 미비했던 것이다.

# 제3장 인간의 감정과 뇌 속의 비밀

인간의 선택행위는 그 과정 속에서 감정의 주도권을 갖는다. 따라서 행동경제학은 제한적 합리성의 가정 하에서 출발한다.

그런데 우리 주위에서 일어나는 선택행위는, 이중성에 대한 해답이 나의 뇌 속에 자리 잡고 있다.

이 장에서는 인간의 선택행위가 실제의 우리 생활 속에서 어떻게 이루어 지는지, 그리고 이것은 우리 뇌와 어떤 관련이 있는지를 실제의 다양한 실험 예를 통해 살펴보고자 한다.

## 1. 인간의 선택행위와 뇌 속의 감정

### 1) 뇌와 감정

인간의 행동은 이성적이고 합리적일 수만은 없다. 때론 비이성적이고 때론 비합리적이다. 비이성적이고 비합리적인 행동이야말로 우리 주변에서 흔히 볼 수 있는 인간의 경제행위라 할 수 있다. 비이성적이고 비합리적인 원인은 인간의 감정에서 출발한다. 따라서 인간의 경제행위를 논함에 있어 인간의 감정을 빼놓을 수는 없다. 일찍이 애덤 스미스도 「국부론」에서 인간의 감정을 다루고 있는 심리학의 중요성을 언급한바 있고, 알프레드 마샬도 그러했으며, 그 유명한 케인즈도 심리학적 요인들을 강조한 바 있다. 다만 이타심이나 비합리성 등과 같은 심리적 요소들에 대한 명백한 이론적 근거나 모델을 만들지 못했기 때문에 다른 경제학자들로부터 인정을 받아들이지 못했던 것이다. 그러나 인간의 감정, 이타심 등과 같은 비이성적 비합리적 사고와 행동에 대한 관심과 노력은 FMRI(Funtional Magnetic Reasonance Imaging)나 SST(Steady State Typography)와 같은 첨단 과학[19] 기기의 발달과 함께 행동경제학이라는 하나의 새로운 학문 분야를 탄생시켰다.

행동경제학은 인간의 실제적 선택행위를 다룬다. 인간의 경제행위를 결정하는 것은 우리들의 감정, 지각, 인지, 기억, 판단 등을 포함하는 인간의 마음이므로, 결국 경제를 움직이는 것은 인간의 마음과 같은 심리적 요소들이다. 따라서 우리는 인간의 감정, 기억, 인지, 판단 등과 같은 심리적 요소들에 대한 과학적 접근을 통해 좀 더 현실적

19) 마틴 린스트롬, Buydogy, 2010, 세종서적, pp24-42

인 인간의 경제행위를 분석해야 할 것이다.

선택행위에 의한 결정은 어떻게 내려지고 있는가? 우리는 흔히 우리들의 결정이 확고한 의식에 의해 내려지는 것이라고 생각해왔다. 그러나 2009년 한스-게오르크호이젤의 연구에 따르면, 모든 결정의 80%[20] 정도는 무의식에 의해 내려지는 것이라고 했다. 만약 이것이 사실이라면 내가 의식하지 못하고 있는 동안 내 몸 안에서 내가 아닌 다른 어떤 것에 의해 나의 결정이 이루어지고 있다는 이야기가 된다. 또한 우리가 살아가면서 일상에서 접하게 되는 오감에 의한 모든 외부정보들에 대하여, 이 모든 정보들이 전부 우리의 의식으로 전달되는 것이 아니라 단지 그중 0.004%만이 우리의 의식으로 전달된다고 한다. 그러니까 우리 뇌 속의 의식 속으로 전달되는 것은 전체 정보 중 아주 극히 일부분이라는 것이다. 그리고 여기에서 또 하나 놀라운 사실은, 우리의 결정은 우리의 뇌 속의 의식에 의해서만 작동되는 것이 아니라 오히려 감정과 같은 심리적 요인에 의해 결정되는 비중이 훨씬 크다는 사실이다. 우리는 우리들이 내리는 일상 속에서의 모든 결정이 정교하고 합리적이며 이성적인 우리들의 의식에 의해 이루어진다고 생각했다.

아침 밥상에서 먹을 반찬의 종류를 선택하는 행위, 입고 갈 의상을 고르는 행위, 그리고 학교와 직장에서 벌어지는 모든 상황 상황에 대한 선택과 결정에 관한 모든 행위가 우리의 의식에 의해 이루어진다고 생각했다. 그렇게 했기 때문에 인간은 지극히 이성적이고 합리적인 존재라고 생각해왔다. 이에 대해 신경철학자 토마스메칭어는 「Being No One」[21]이라는 그의 저서에서 "자아" 자체를 부정한 바 있다. 그

20) 한스 게오르크 호이젤, Brainview, 2008, 흐름출판, p89
21) Metzinger,T, Being No One 2003, Bradfond; Bradford Book.

는 "자아라는 것은 착각에 불과하다. 그것은 우리의 뇌가 만들어낸 허구"라고 말했다. 또한 뇌 과학자인 게르하르트 로트는 다음과 같이 주장했다. 의식적인 "자아"는 무의식이 내린 결정을 설명하고 변명하며 정당화하는 기능을 한다. 그러나 결정에 대한 가장 중요한 과정에 있어서는 아무런 영향을 미치지 못한다. 라고 했다. 결국 우리의 뇌속의 의식과 무의식중, 결정에 대한 모든 역할은 무의식이 맡고 있다는 것이다. 나도 모르게…… 그냥…… 즐겁거나, 기쁘거나, 슬프거나, 이 같은 것들은 감정이고, 무의식적으로 느끼는 것들이다. 그런데 이것들이 우리의 결정에 가장 중요한 역할을 수행하고 있는 것이다.

백화점에 쇼핑을 갔다. 봄옷을 사기 위해서다. 수많은 옷들을 구경하다가 노란색이 강조된 화사한 셔츠를 하나 샀다. 노란색 셔츠를 사기로 한 구매결정은 어떻게 내려졌을까? 노란색에 대한 기쁘고 즐거운 기억들이 작용하지는 않았는가? 너무나 친절했던 판매원의 태도가 나로 하여금 나도 모르게 구매결정에 중요한 역할을 하지 않았는가? 판매대 근처에서 맡았던 그윽한 봄의 향내를 맡고 마음이 들뜨지는 않았는가? 그 노랑 셔츠를 사기로 결정한 것은 우리의 의식이다. 그러나 의식으로 이끈 선택행위의 과정에서, 우리가 의식하지 못한 수많은 요소들 즉 추억에 대한 향수, 기억, 촉감에서 느끼는 감정, 냄새, 시각으로부터 오는 감정, 타인으로부터 느낄 수 있는 다정다감한 느낌, 너무나 나의 마음을 편하게 배려해 주는듯한 목소리들이 구매결정의 과정에서 지대한 역할을 담당했다. 구매결정의 실체는 무의식이었던 것이다. 의식은 그저 들러리 역할만을 했을 뿐이다.

노란 셔츠를 사갖고 왔는데, 엄마가 "예쁘다. 그런데 다른 더 예쁜 것은 없었니?"라고 말했을 때, 우리의 의식은 본격적으로 그 역할을 수행한다. 아니…… 다른 옷들도 많은데, 어떤 것은……이 안 좋고, 또 어떤 것은……이 안 좋고, 어떤 것은 너무 비싸고…… 그래서 그 중 이것이 제일 좋아. 라고 말한다. 보충설명이며 구매결정에 대한 정당화인 것이다. 이것이 의식의 역할이다.

무의식이 결정에 미치는 확고한 영향력에 대한 유명한 예를 들어보기로 하자. 1957년「숨겨진 유혹자」라는 베스트셀러가 있었다. 이 책은 밴스 패커드(Vance Packard)가 기업들이 행한 새로운 상품 전략을 폭로한 내용이다. 코카콜라 사는 인간의 역하지각(subliminal perception) 현상을 이용하여 자사의 특정상품 판매량을 증대시키고자 하였다. 제임스 비캐리(Jams Vicary)라는 시장 조사원이「피크닉」이라는 영화를 상영하는 영화관의 영사실에서 기계식 슬라이드 프로젝터를 설치하고 영화가 상영되는 동안 "마시자, 코카콜라"와 "먹자, 팝콘"이라는 글이 담긴 3,000분의 1초짜리 장면을 영화 상영 중 5초마다 계속 보여준 것이다. 코카콜라 사는 전문가들로 구성된 새로운 연구 프로젝트의 결과에 따라 역하지각 현상이 효과가 있다는 것을 확인한 후 시행에 옮겼다.[22] 관객은 너무나 짧은 광고시간이었으므로 특정회사의 상품광고에 대한 정보를 그들의 의식에서 인지하지 못했다. 그러므로 그들은 그저 그들이 보고 싶어 했던 영화만을 감상한 것이다. 버캐리는 이것을 "잠재의식적 광고"라 했다. 그는 이 실험 덕분에 포트리 극장의 코카콜라 18%, 팝콘 57.8%의 증가를 올릴 수 있었다. 이후 전문가들에 의해, 역하지각 현상은 실제로 존재한다는 것이 증명되었으며, 이는 잠재의식에 가해지는 자극이 소비자의 선택행위에 분명한 영향을 미친다. 라는 것이었다.

---

22) 마틴 린스투룸, 전게서, pp45-50

미국의 신경생물학자 안토니오 다마시오(Antonio Damasio)와 조지프르두(Josehp Ledoux)는 뇌 손상환자들을 대상으로 뇌 속에서의 감정역할에 대한 실험연구를 했다. 실험에 참여한 뇌손상 환자들은 뇌손상에 의해 감정을 조절할 능력을 상실한 상태였다. 연구 결과, 뇌손상환자들에서 결정의 어려움이 존재함을 알았다. 감정조절능력을 상실한 환자들이므로 감정이 개입되기 힘들었고 이 같은 상태 하에서는 결정과정 조차도 원만히 이루어질 수 없음을 알았다. 감정결핍으로 인해 결정과정자체에서 문제가 발생했던 것이다.

조지프르두는 편도(Amygdala) 즉 감정에 대한 평가를 담당하는 부위에 관심을 가졌다. 이 부위는 변연계에서 가장 중요한 핵심 부위이다. 그래서 그는 변연계의 역할을 알아보기 위해 실험[23]을 하였다. 그는 실험용 동물의 뇌에서 편도를 제거했다. 기쁘거나, 슬프거나, 공포스러운 것에 대한 평가를 담당하는 편도를 제거했으므로 이 같은 상황이 닥쳤을 때 어떤 반응을 보일까하는 것이 궁금했다.

편도를 제거한 동물 앞에 맹독을 가진 독뱀을 그의 앞에 풀어놓았다. 물론 그 독뱀은 방금 전 독을 제거 했으므로 일정시간이 지나야 다시 독이 준비된다. 그 동물은 아무 생각 없이 자기 앞에 놓여있는 움직이는 생명체를 입으로 물었다. 본능적으로 그 뱀이 독뱀이라는 사실은 모든 동물들이 이미 잘 알고 있었지만, 이 실험용 동물은 아무 거리낌 없이 행동했다. 편도는 공포감이나 무서움을 유발하는 신호와 자극을 받아들여 그 즉시 반응을 보인다. 그러나 이 실험용 동물은 편도를 제거했기 때문에 공포감이나 무서움을 느낄 수 없었다. 이때 이 실험용 동물의 의식은 이 과정에서 전혀 아무런 역할을 하지 않았음

---

23) 한스게어르크 호이젤, 전게서. p93

을 알 수 있었다. 의식과 신피질은 어느 정도 시간이 지난 후, 그래서 그 정보를 입수하고 무서움과 공포감을 유발한 대상에 대해 면밀한 평가를 하려고 했다. 만약 그 독뱀이 독이 충만해 있는 상태였다면, 그 실험용 동물은 상황 발생 시의 공포감 결여로 인한 행동 때문에 독뱀에 물려 죽음을 앞에 두게 되었을 것이고 어느 정도의 시간이 흐른 그 때쯤 때늦게 신피질과 의식에 의해 그 독뱀의 무서움을 의식했을 것이다.

저녁에 하루일정을 모두 끝마치고 집으로 돌아가고 있는 나 자신을 상상해보자. 집 근처 골목길에 다다랐을 무렵 흉기를 든 괴한이 나타나서 핸드백을 빼앗으려 한다. 이때 우리의 뇌 속에서는 변연계와 관련된 부분이 활성화된다. 변연계 중 특히 감정평가를 담당하는 편도는 이 상황을 매우 위험한 것으로 평가하고 노르아드레날린과 코르티솔을 분비한다. 그 결과 심장박동수가 증가한다. 동시에 불안감과 공포감을 느끼게 된다. 그리고 우리는 공포에 싸여 몸이 경직된다. 괴한이 어떤 흉기를 갖고 있는지 피신할 길이 없는지를 판단하려 하는 것은 괴한이 나타나고 난 한참 후의 일이다. 이때 우리의 얼굴표정은 미소가 사라지고 공포에 질린 표정을 하게 된다. 이 과정에서 의식은 사건 발생이 지난 일정시간 후에나 그 가능성을 작동함을 알 수 있다.

1990년대 중반, 뇌 연구 분야에서 기존이론에 이의를 제기하고 뇌 연구를 시작한 선두자가 바로 안토니오 다마시오와 조지프 르두이다. 이들은 뇌손상환자들의 경우, 편도부위의 이상으로 돈내기를 하는 포커게임에서도 합리적 결정을 내릴 수 없음을 알았다. 돈을 땄을 때 즐거움이 발생하고 잃을 때는 불안감이나 실망감이 발생한다. 사람들은 게임에 임할 때 즐거움은 극대화시키고 실망감은 극소화시키려 한다.

이 같은 의미에서 보통사람들은 게임에서 즐거움을 극대화, 실망감을 극소화시키려는 합리적 결정을 내린다. 하지만 편도부위에 이상이 있는 사람들은 이 같은 합리적 결정에 어려움을 갖고 있어 게임에서 승리할 확률은 거의 없는 것으로 드러났다.

다마시오가 연구한 대부분은 대뇌 전방부위 즉 전전두피질(Prefrontal Cortex)이었다. 그는 연구를 통해, 감정이 대단히 중요한 역할을 한다는 사실과 이성적인 대뇌도 감정처리에 관여한다는 사실이었다. 즉 의식과 신피질은 어느 정도의 시간이 흐른 후 비로소 상황에 관한 정보를 인지하고 공포감을 유발한 대상을 그때서야 면밀히 평가한다는 사실이다.

위의 예에서 알 수 있듯이 우리가 내리는 결정은 감정이나 무의식이 매우 중요한 역할을 하고 이와 같은 역할은 인간의 뇌 속에서 이루어지고 있다. 따라서 뇌가 어떻게 구성되어 있는지에 대해 간략하게나마 살펴볼 필요가 있다 하겠다.

우리의 감정을 다루는 부위는 뇌의 아래 부분에서 위쪽으로 올라갈수록 점점 더 세분화되어지고 복잡해진다. 뇌간에서는 감정적인 임시방편적인 반응이 아주 신속하게 이루어지는데 반해, 대뇌에서는 동일한 감정이 활성화 되지만 그 형태가 훨씬 더 복잡하다. 뇌간에서는 아주 단순한 형태의 두려움이나 공포반응이 자리 잡고 있다. 이 반응은 전투적 태도나, 도주의 태도 혹은 경직된 행동을 낳게 된다. 변연계 중심부에서 약간 윗부분에는 편도와 해마가 있다. 이 부위는 좀 더 복잡한 평가를 담당한다.

편도는 어떤 상황이나 대상이 위험한지 아닌지를 평가한다. 이에 비해 중격-해마시스템(sepho-hippocampal system)은 안정성을 평가

한다. 신피질의 가장 윗부분 특히 안와전두피질에서는 이 보다 더 복잡한 평가를 담당한다. 소망, 향수, 전통, 상품의 품질 및 가치 등이 이곳에서 평가된다. 신피질의 발달로 인해 인간은 다른 동물보다 더 우수한 학습능력을 보유하고 있다. 그러나 인간의 대뇌를 중심으로 신경세포가 여타 동물들에 비해 엄청난 증가를 보였음에도 뇌의 기본

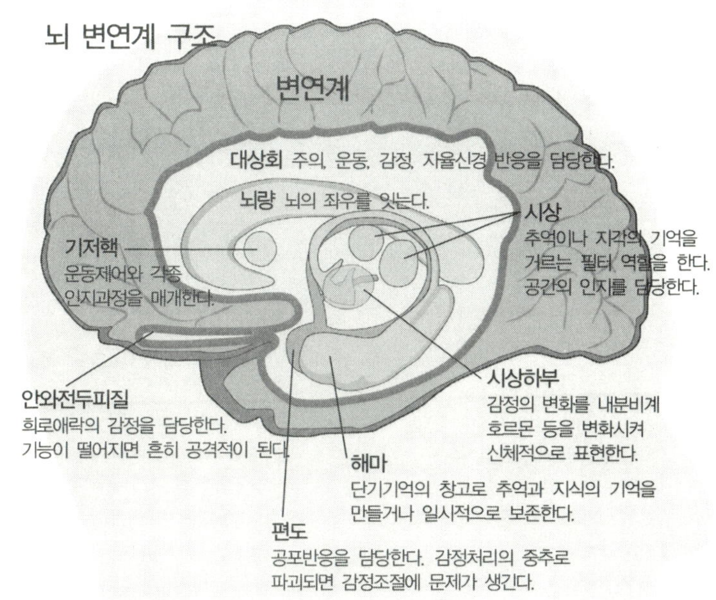


출처 : 뇌교육연구마을 http://cafe.naver.com/sbrain/5

**그림 3-1.** 변연계[24] 구조와 기능

---

24) 신경 해부학적 뇌의 구조는 첫째 전뇌(대뇌피질, 기저핵, 시상, 시상하부), 둘째 중뇌(중뇌개, 중뇌피개), 셋째 후뇌(소뇌, 연수, 교등)로 이루어진다. 그리고 변연계의 대부분은 측두엽에 속한다.

구조와 역할 및 작동과정은 포유동물과 유사하다. 우리의 의식은 일반적으로 신피질에서 발생된다. 그러나 무엇인가를 실제로 의식하기 위해서는 먼저 뇌 아래 부분에 있는 부위에서 활성화가[25]가 이루어져야 한다.

## 2) 거울뉴런

### 가) 거울뉴런작용

1992년 이탈리아의 자코모리졸라티(Giacomo Rizzdatti)는 짧은 꼬리 원숭이의 뇌를 연구[26]했다. 짧은 꼬리원숭이의 운동행위와 뇌와 어떤 관계가 있는지를 살펴보고 이를 인간의 경우로 연장해 보고자 시도했던 연구였다.

짧은 꼬리원숭이의 오감 특히 시각과 운동행위 시 사이에서 뇌가 어떤 역할을 하는지를 연구하기 위해 짧은 꼬리원숭이의 뇌 속의 각 부분의 활성화를 주시했다. 밤나무에서 밤을 따먹기 위해 손을 뻗을 때 짧은 꼬리원숭이의 전운동 뉴런(premotor neuron)은 활성화되었다. 그런데 다른 원숭이가 밤을 따기 위해 손을 뻗을 때도 그것을 본 원숭이의 전운동 뉴런이 활성화되었다. 이전의 연구결과에 의하면, 전운동 영역(premotor area)의 뉴런은 시각적  자극에 반응하지 않는 것으로 알려졌다. 리졸라티 연구실 소속 연구원 중 한 사람이 점심식사 후 아이스크림 하나를 사가지고 연구실로 들어왔다. 이때 짧은 꼬리원숭이가 그 아이스크림을 쳐다봤다. 연구원이 사가지고 온 아이스크

25) 한스-게오르호이젤, BrainView, 흐름출판. 2009, pp97-98.
26) 마틴 린스트룸, 전게서, pp81-84

림을 입에 넣자 이를 쳐다보고 있던 원숭이의 전운동 영역이 활성화되었다. 연구원이 아이스크림을 먹는 것을 보고 있던 원숭이는 연구원이 하고 있는 행위를, 정신적으로 그 연구원과 똑같이 흉내 내고 있었던 것이다. 이 같은 현상을 리졸라티는 "거울뉴런"작용이라 불렀다.

거울뉴런은 어떤 행위의 보상에 대하여 그 행위를 관찰할 때 반응하는 뉴런을 말한다. 그리고 이 같은 거울뉴런은 짧은 꼬리원숭이가 관심을 갖고 있는 표적 화된 행위에만 반응을 했다. 인간은 어떠할까? 짧은 꼬리원숭이와 같은 거울뉴런작용을 하는가?

원숭이의 거울뉴런에 해당하는 인간의 뇌속 부위는 하전두피질(inferior frontal cortex)과 상두정소엽(super parietal lobule)이다.

거울뉴런은 다른 사람의 행위를 무의식으로 따라하게 만든다. 아기 엄마들이 잼잼, 도리도리 등 아기들을 얼리는 행위를 하면 아기도 이를 곧잘 따라하게 된다. 아기들이 무의식적으로 엄마의 행위를 따라하는 거울뉴런작용이다.

타냐싱어(Tania Singer)라는 과학자가 이에 대한 실험을 했다. 실험 참가자에게 육체적 고통으로 매우 괴로워하는 사람을 보여주고 실험 참가자의 뇌를 스캔해봤다. 실험 참가자 뇌 속의 고통과 관련된 부위인 전두섬(fronto insular)과 전두대상피질(anterior cingulated cortice)이 활성화되었다. 실험 참가자는 다른 사람의 고통스러워하는 것을 보는 것만으로도 마치 자기 자신이 고통을 받고 있는 것과 같은 느낌을 받게 됨을 알게 되었다.

거울뉴런은 기분이 좋은 상태에 있는 사람을 보면 나 자신도 기분을 좋게 만들고, 너무나 힘들게 살아가고 있는 사람을 보면 나도 모르게 슬픔으로 눈물을 흘리게 된다. 그러나 이와 반대인 경우도 있다. 즉 다른 사람들이 고통스러워함을 보고 즐거움을 느끼며, 다른 사람들이 기뻐하는 것을 보고 기분이 불쾌해지는 경우가 있다. 이에 관련된 실험예가 있다.

실험참가자들에게 몇 사람이 모여 카드게임을 하는 모습을 보여주며 실험참가자들의 뇌를 스캔했다. 카드게임에 참가한 사람 중 어떤 사람에게는 부정한 방법으로 게임에 응하게 하고 또 어떤 사람에게는 아주 정직하게 게임을 하도록 했다. 그리고 게임 중 게임을 하는 모든 사람들에게 어느 정도의 전기충격을 주어 다소간 고통을 느끼게끔 했다. 정직하게 게임을 하는 사람이던, 속임수를 쓰며 게임을 하는 사람이던 상관없이 게임 중 전기충격을 가해 그들을 고통 받게 했다. 실험참가자들의 뇌 속에서 고통과 연관이 있는 부위에서 감정이입의 반응을 보였다. 그런데 게임에서 속임수를 쓰는 사람이 전기충격으로 고통을 받는 것을 보자 실험참가자의 뇌에서 반응을 보였다. 감정이입의 반응은 나타나긴 했는데 미약하게 나타났다. 그리고 이와 동시에 보상중추에서도 반응이 일어났다. 정직하게 게임을 하던 사람이 전기충격에 의해 고통을 받는 장면을 보게 되자 실험 참가자들은 감정이입이 크게 일어났다. 즉 속임수를 쓰는 사람이 고통을 받는 모습을 본 실험참가자들의 뇌 속에서는 고통에 대한 느낌을 같이 할 수 있는 감정이입은 아주 미약한 대신 보상중추반응이 크게 일어났다. 다시 말하자면 남의 고통을 보고 쾌감을 느낀다는 것을 알았다. 나쁜 사람이 고통을 받으면 기분이 좋고, 좋은 사람이 고통을 받으면 나도 같이 고통스러워 진다는 것을 의미하는 것이다. 그런데 이와 같은 실험결과를 실험참가자들이 남성일 경우 위의 경우와 동일한 반응을 보였고, 여성일 경우에는 그 정도가 남성에 비해 매우 미약하게 나타났다. 즉 나쁜 사람이 고통 받는 것을 보더라도 나 자신도 고통스러워하고 쾌감은 느끼되 아주 미약한 수준이라는 것이다.

### 나) 거울뉴런작용과 거울심리

우리 뇌 속의 거울뉴런작용은 다른 사람의 구매행위를 따라 하게끔 하며, 기업은 이것을 매출증대에 연결시킨 판매 전략에 이용하기도 한다. 백화점의 어떤 유명브랜드매장을 살펴본다. 늘씬하고 멋진 마네킹이 매력적인 청바지와 수준 높은 분위기를 자아내는 블라우스를 입고 있다 그리고 섹시하기까지 한 스카프를 목에 두르고 자신이 이 백화점에서 제일 멋진 양 거만한 포즈를 취하고 있다. 마네킹은 너무 늘씬하고, 너무 깨끗하고, 자연스럽고, 자신감 넘치며, 섹시하고, 매력적이다. 마네킹이 취하고 있는 자태마저 도도함이 풍겨 나오고 있다. 여러분이 이런 마네킹을 보고 있다면 어떤 느낌이 드는가? 특히 여러분이 여성이라면, 저 마네킹이 입고 있는 그리고 걸치고 있는 의상들을 내가 입는다면 저 마네킹과 같은 그런 분위기가 충분히 날 수 있을 것이라고 생각할 것이다. 취향이야 사람마다 제각기 다 다르겠지만, 이 마네킹이 자기 자신의 취향에 맞는다면, 여러분은 "그래 바로 이거야", "이건 나를 위한거야"하는 마음이 들 것이다. 그리고 나도 모르게 그 의상들을 사 가지고 나오는 나 자신을 발견할 것이다. 우리 뇌는 우리 자신들에게 거울 뉴런을 통해 위와 같은 마법을 부리고 있다.

거울 뉴런에 대한 또 하나의 실험을 소개하고자 한다. 2008년 다카시 쓰키우라(Takashi Tsukiura) 교수와 로베르토 카베자(Roberto Cabeza) 교수는 사람들의 얼굴에 나타나는 미소에 관한 실험을 했다. 사람들의 뇌 속에 다른 사람들의 다양한 표정이 어떤 영향을 미치는가에 대한 실험이었다. 실험참가자들에게 다양한 표정을 지으며 그들의 이름을 밝히게 했다. 미소를 짓는 사람과 그의 이름 그리고 미소 짓지 않는 사람과 그의 이름……의 순으로 실험참가자들에게 보여주었다. 실험결과, 실험참가자들의 뇌 속에서는, 미소 짓고 있던 사람들의 이름을 기억해낼 때가, 미소 짓지 않고 있던 사람들의 이름을 기억해 낼 때 보다 실험참가자들의 보상처리와 관련된 부위인 안와전두피질이 더 활성화 되는 것을 알 수 있었다.

카베자 교수는, 인간은 궁극적이고 사교적인 신호에 더 깊은 관심을 가지고 반응한다. 인간은 앞날을 내다볼 줄 알고, 이를 위해 자신들에게 호의적인 사람들을 기억하려 한다고 했다. 그런데 거울뉴런이 작동할 때 쾌락, 모험, 흥분을 유발하는 도파민이라는 화학물질이 함께 발생하는데 도파민은 중독성이 매우 강하다. 우리가 그 제품을 구매하고자하는 결정을 내릴 때 도파민은 우리에게 좋은 기분을 불러일으키게 한다. 이성은 사지 말라고 하지만, 도파민은 계속 구매행위에 대한 충동을 불러일으킨다.

### 3) 뇌 속의 비밀

#### 가) fMRI와 SST

우리 신체부위가 어떤 활동을 하기 위해서는 에너지가 필요하다. 뇌도 마찬가지이다. 그 에너지는 주로 산소와 포도당이다. 뇌가 활동을 많이 할수록 산소와 포도당의 사용도 많아지게 되고 혈액의 양도 증가하게 된다. 최첨단 과학기기장비인 뇌 스캔을 위한 fMRI 즉 기능적 자기공명장치는 이 같은 뇌의 활동을 조사할 수 있다. fMRI는 우리 몸 안에 있는 산소를 운반하는 헤모글로빈의 자기장 속성을 측정한다. 이 기기는 산소가 함유된 혈액이 뇌 속에서 이동하는 것을 추적할 수 있다. 뇌 속에서 활성화된 혈액이 이동하게 되면 그 부분은 불꽃이 번지고 있는 것처럼 반짝이게 된다. 기능적 자기공명장치인 fMRI못지않게 뇌의 기능 및 활동을 추적할 수 있는 또 하나의 첨단 뇌 과학기기는 SST(Steady State Typograpy)이다. SST는 첨단 뇌파계이다. 아주 빠른 속도로 움직이는 뇌파를 실시간으로 추적할 수 있는 기능을 한다.

행동경제학은, fMRI와 SST라는 첨단 뇌 과학기기의 도움으로 인간의 경제행위를 제한적 합리성이라는 바탕위에서 발전시켜 나가고 있다. 제한적 합리성이라는 가정은 결국 합리성의 가정위에 심리학적 요소들이 가미된 것으로 볼 수 있으며 이때 특히 중요한 것은 우리들의 감정이고 우리들의 무의식이다. 과거에는 감정을 포함하는 인간의 심리상태를 과학적으로 증명해낼 길이 없었다. 그러나 fMRI와 SST의 도움으로 이제는 그 비밀이 서서히 밝혀지고 있다. 그러므로 행동경제학은 그 학문의 역사에 있어 출발점에 서 있다 하겠다.

어떤 특정 상황이 전개되거나 특정인물을 대하게 될 때, 뇌 속에 저장되었던 감정이나 기억들이 즉시 반응을 일으켜 우리 뇌의 각 부분을 활성화 시킨다. 그러나 각 경우에 따라서 어떤 순서에 의해 어떤 부위가 어떻게 활성화 되는지에 대한 정확하고 면밀한 연구가 아직 이루어지고 있지는 않는 수준이다. 따라서 행동경제학은 이 같은 인간의 실제적 경제행위를 실험, 조사, 연구하여 그 체계를 더욱 발전시켜 나가야만 한다.

### 나) 코카콜라 테스트

인간의 뇌 기능에 대한 관심은 기업을 운영하는 CEO들에게도 의학계 못지않은 관심의 대상이 된다.

1957년 어떤 음료회사가 매출증대를 위해 연구 프로젝트를 뇌 전문가 들에게 의뢰하였다. 이것은 인간의 뇌 속에 있는 역하지각현상의 존재 여부를 확인하는 것이었고, 이를 기업경영에 이용하기 위해서였다. 기업들의 입장에서는, 인간의 선택에 대한 결정과정을 이해할 수 있다면 획기적이고 혁신적인 기업경영을 이룰 수 있을 것이기 때문이다.

선택의 결정과정에서 결정적 역할을 수행하는 것은 감정이고 무의식이다. 그리고 그것은 우리의 뇌 속에서 이루어지고 있다. 그러므로 관심과 연구의 초점은 결정과정의 비밀을 간직한 뇌에 집중된다.

1975년 펩시콜라는 "펩시 챌린지"라는 대대적 광고실험을 하기로 했다. 이 실험은 블라인드 테스트라 불려졌다. 펩시콜라는 경쟁제품인 코카콜라와의 경쟁시음 실험에서 각 회사의 제품이 어떤 것인지를 모르게 했다. 실험참가자들의 눈을 가린 상태에서 두 회사제품을 시음하게 했다. 만약 펩시회사 중역들의 바람대로 펩시가 코카보다 그 맛이 더 우수하다는 결과가 나온다면 680억 달러 규모의 미국 소프트드링크 시장을 장기간 지배하고 있었던 코카콜라의 아성을 무너뜨릴 수 있었다.

실험결과는 펩시 중역들의 바람대로 되었다. 미세하게나마 실험참가자들은 펩시나 코카보다 우수하다는 평가를 내려주었다. 펩시로서는 역사적인 순간이었다.

그러나 미국 소프트드링크 시장에서는 이 같은 실험결과에도 불구하고, 여전히 코카콜라가 펩시콜라의 위에 있었다. 펩시로서는 이해가 안 되는 일이었다. 말콤 글래드웰(Malcom Gladwell)은 2005년, 그의 베스트셀러 블링크「Blink」에서 그 이유의 일부를 설명했다. 그는 펩시콜라의 신상품개발담당 이사였던 캐롤 댈러드(Carol Dollard)의 말을 인용했다. “한 모금 마시는 것과 음료 한 캔을 전부 마시는 것과는 차이가 있다.”라고 말했다. 한 모금 마셨을 때는 사람들은 더 달콤한 즉 더 자극적인 제품을 선호한다. 그것이 펩시였다. 그러나 그렇게 단 음료수 한 캔을 다 마신다면 혈당의 과도 상승을 가져올 수 있다. 그래서 시장은 여전히 코카콜라가 지배하고 있다고 설명했다.

그러나 나는 여기에 다른 이해 하나를 추가하고 싶다. 바로 브랜드에 대한 얘기이다. 오랫동안 소비자들의 뇌에 깊이 각인된 코카콜라라는 브랜드의 이미지와 펩시콜라브랜드의 이미지에서 코카콜라가 훨씬 더 소비자들의 뇌 속에 더 좋은 기억으로 저장된 상태였다고 생각한다. “펩시챌린지”라는 충격적 실험이 있었지만 이것이 모든 소비자들의 뇌 속에 각인된 브랜드에 대한 충성도를 바꾸기에는 미약한 것이 아니었나 하는 생각이 드는 부분이다.

어쨌건 2003년 휴스턴에 있는 베일러 의대의「인간 뇌 영상 연구소」의 소장인 리드 몬태규(Read Montague)박사는 fMRI를 이용하여 뇌 속의 각 부위들의 기능을 실험하였다. 1975년 “펩시 챌린지”가 시작 된지 28년 후에 실시된 실험이었다. 67명의 실험참가자들의 뇌에는, 각 부위마다 센서가 부착되어 fMRI로 스캔되었다. 뇌의 활동으로, 어떤 특정부위가 활성화 된다면 에너지 소비를 위해 산소와 포도당의 사용량이 많아지게 되고 이것은 fMRI모니터에 활동부위가 반짝이는 표시를 해주게 된다.

실험 1단계에서는 블라인드 테스트를 했다. 두 회사의 제품 모두,

콜라를 마셨을 때 전두엽의 배쪽피각(ventral putamen) 즉 입맛이 당길 때 자극되는 분석 및 보상작용을 담당하는 부위가 활성화되었다. 흥미로운 것은 실험의 제2단계였다. 제2단계 실험은, 실험 전 제품의 브랜드를 실험참가자들에게 미리 알려주고 시행했다. 실험결과는 코카콜라의 승리였다. 응답자의 75%가 코카의 편을 들어주었다. 이 과정에서 몬태규박사는 반응하는 응답자의 활성화된 뇌의 부위에 관심을 집중했다. 2차 실험에서는 1차 실험에서 활성화 됐던 배쪽피각외에 고통의 사고와 평가를 담당하는 뇌의 부위인, 내측전전두피질(medial prefrontal cortex)이 활성화되는 것을  발견했다. 몬태규박사는 뇌의 두 영역이 이성적 사고와 감정 사이에서 발생되는 현상이라고 했다. 이 과정에서는 코카콜라에 대한 감정들이 펩시콜라의 이성적 선호를 누르고 승자가 됐음을 볼 수 있었다.

실험참가자들은 코카콜라라는 브랜드에 대해, 그 역사와 색상, 디자인, 맛, 향기, 추억 등에 대한 궁극적 연상을 하고 있었다. 어린 시절 아빠와 마셨던 코카콜라에 대한 기억, 성인이 된 지금도 그때의 향수를 간직한 채 이완된 마음으로 코카콜라를 음미하곤 하는 코카콜라에 대한 감정, 그리고 코카콜라의 광고와 홍보들, 이 모든 궁극적 요소들이 코카콜라라는 브랜드이미지를 만들었다. 실험참가자들의 마음을 흠뻑 사로잡은 코카콜라 감정은 펩시브랜드에서 평가됐던 배쪽피각의 이성을 누르고도 남았다. 뇌가 상황이나 상태를 접하고 정보를 처리하는 방식은 감정적이고, 브랜드는 소비자를 감정적으로 만들기 때문이다.

미국 카네기멜론대학의 조지 로웬슈타인(George Loenstein)은, 뇌의 대부분을 차지하고 있는 것은 자유로운 사고의 영역이 아니라 자동으로 진행되는 영역이라고 했다. 그리고 뇌에서 벌어지는 많은 일들은 인지적 혹은 의식적이라기보다는 정서적 혹은 감정적이라고 했다. 그가 말한 "뇌의 대부분을 차지하고 있는 것은 자동으로 진행되는 영역"이라는 부분은 한스-게오르크호이젤이 말한 뇌의 자동모드와 동일한 개념이다.

뇌는 우리몸 전체 무게의 2%에 지나지 않는다. 그렇지만 우리가 사용하고 있는 전체 에너지의 20% 이상을 사용한다. 지구상에 존재하는 모든 종(種)은 그들 종을 존속시키려는 본능을 갖고 있다. 몸 안의 에너지를 너무 과도하게 사용하여 에너지가 고갈되면 종의 존속에 위험이 닥칠 수 있다. 따라서 모든 종은 자체 내의 에너지를 절약하려 한다. 인간도 마찬가지이다. 그런데 문제는 인간의 뇌에 있다. 무게는 몸 전체의 2%에 지나지 않으나 전체 에너지의 20% 이상을 사용하고 있으니, 종의 존속을 위해서라도 뇌의 에너지 사용은 최대한으로 줄여야만 한다. 인간이 접하고 경험한 모든 정보들은 뇌 속에 저장되어 있다. 저장된 뇌 속의 기억들은 각 개인에 따라 상이하다. 코카콜라에 대한 기억이 좋게 저장된 사람들이 있는 반면, 나쁜 기억으로 저장된 사람들도 있을 수 있다. 우리 뇌는 어떤 상황이 주어져 뇌의 각 부위가 이에 대한 평가를 시행할 때 막대한 에너지를 사용하게 되는데 평가에 필요한 정보들이 우리들의 뇌 속에 이미 기억되어 있다면 많은 에너지를 들여 평가 작업을 새로이 시작하는 대신 손쉽게 저장된 기억들을 꺼내 쓰게 되면 에너지가 절약될 수 있다. 우리는 시간과 에너지를 절약할 수 있는 뇌의 절약기능 즉 자동모드기능을 갖고 있다. 따라서 뇌의 자동모드기능에 따라 코카콜라와 펩시콜라브랜드를 실험참가자들이 이미 알고 있을 때는, 고도의 새로운 평가 작업을 생략하고 대신 저장된 기억을 끄집어내 사용하게 된다. 저장된 기억을 꺼내는 데에는 약간의 에너지만 사용하면 되므로 우리 몸속의 에너지를 줄일 수 있게 되는 것이다.

### 다) 자동모드기능

최근 한 연구에 의하면, 소비자들의 구매행위에 따른 결정은 50% 이상이 구매순간에 거의 무의식적으로 이루어진다는 것이다. 이것은 우리 뇌의 자동모드기능[27] 때문이며 이와 같은 뇌의 단축회로를 가르쳐 체감포지(somatic maker)기능이라고도 한다. 어린아이가 식탁위에 놓여있는 큰 접시 안에 맛있게 익혀져 있는 고구마를 발견했다. 어린아이는 다른 어떤 생각도 없다. 오로지 먹고 싶을 뿐이다. 고구마가 뜨거운지 식었는지에 대한 아무런 개념이 아직 안 갖추어져 있는 나이이다. 엄마가 깜빡 잊고 다른 일을 본 사이, 그 아이는 아무 생각 없이 방금 구워진 뜨거운 고구마를 덥석 손으로 집어 들었다. 너무 뜨겁고 너무 놀란 나머지 그 아이는 울음보를 터뜨린다. 엄마가 달려오고 조치를 취한다. 손가락을 살짝 덴 아이의 상처는 일주일이면 완치될 수 있다. 그러나 뜨거운 고구마에 덴 그날의 고통과 놀람은 그 이후로도 두고두고 잊혀 지지 않는다. 신경계의 단위로서 자극과 흥분을 전달하는 신경세포체(soma)와 동일한 의미로 사용되기도 하는 뉴런(neuron)[28]은 고구마, 뜨거움, 고통, 깜짝 놀람 등의 개념으로, 손가락을 덴 이 어린아이의 잠재의식 속에 놓이게 된다. 이후 이 어린아이는 고구마에 데었던 동일한 상황에 직면하게 되면, 이 아이의 잠재

27) 한스게오르크호이젤, 전게서, pp109-117

28) Eric R, Brawerman, The Edge Effect, 2010, 북라인, pp40-42

속에 있는 뉴런이 즉시로 불리어져 그때와 같은 실수를 두 번 다시하지 않게 만든다. 어린아이가 옛날과 똑같은 상황에 접했을 때, 뇌 속 부위의 새로운 평가 작업 없이 옛날의 고통에 대한 감정이 즉시로 상기되어 위험한 행동을 하지 않게 되는 것이다. 안토니오 다마시오는 이러한 개념과 육체와 감각이 한데 합쳐져 연결고리를 이루는 것을 체감포지라 불렀다.

바로 이 같은 인지적 단축회로는 우리가 어떤 제품을 구입하려 할 때 그 기능을 발휘한다. 과일이 풍성한 여름철에, 마트에서 맛있는 참외를 고르려 한다. 자신의 뇌 속에 참외에 대한 어떤 기억이 저장되어 있다고 하자. 색깔이 노랗고 배꼽부분이 툭 튀어나온 것이 맛이 좋았다. 라는 과거의 경험은 마트에서 참외를 선택하는데 있어 소요되는 시간과 에너지를 줄여준다. 뇌의 단축회로기능, 자동모드기능 또는 체감표시기능 때문이다. 우리가 백화점에서 수백 가지 제품 중에서 내가 좋아하는 제품을 그리 어렵지 않게 선택할 수 있는 것도 이와 같은 뇌의 기능 때문이다.

### 라) 효과적 단축회로기능의 이용

우리는 우리의 선택행위를 용이하게 하는 것이 단축회로기능, 체감표시기능 혹은 자동모드기능이라는 것을 배웠다. 그렇다면 기업의 입장에서는, 어떻게 하면 소비자의 뇌 속에 자사제품에 대한 강력한 이미지를 기억시킬 수 있을까 하는 문제가 가장 중요하다. 즉 브랜드의 성공여부에 대한 문제가 된다. 이를 위해 기업은 자사의 광고 속에 두려움과 공포심을 심어줌에 의해서, 효과적 연상 작용을 통해서, 시각적 효과를 통해서 그리고 후각, 청각 등을 이용해서 자사브랜드 이미지를 강화시키려 한다.

① 공포, 두려움

예전에는 그리 흔한 증상은 아니었으나, 근자에 들어 자녀들에 대한 교육적 관심도와 생활수준 향상과 더불어, 주의력결핍장애(ADHD)에 대한 소식을 심심치 않게 듣게 된다. 주의력결핍장애현상은 시간이 갈수록 불행하게도 그 빈도수가 높아지고 있는 실정이다. 이 병은 육체적으로 정신적으로 한참 성장해야 할 어린이에게는 아주 심각한 문제를 야기시킨다. 부모의 입장에서는, 우리아이에게 혹시나…… 하는 우려를 하지 않을 수 없다. 만약 어떤 제약회사가 이 같이 심각한 내용을 광고 문구에 담는다면, 그리고 이를 예방할 수 있는 자사의 제품을 광고한다면, 우리 엄마들을 주의력결핍장애에 대한 두려움으로 내몰기에 효과적 광고방법이 될 수 있을 것이다.

여러분은 혹시 콜게이트 치약의 광고 문구를 본적이 있는가? 광고 문구는 다음과 같다. "최종 연구결과에 따르면, 심각한 잇몸병은 심장 질환, 당뇨 그리고 뇌졸중을 일으킬 수 있습니다." 이 광고가 의미하고 있는 것은, 콜게이트 치약으로 양치질을 하지 않으면 이 같은 심각한 질병에 걸릴 수 있으니 빨리 구입하라는 것이다. FKF응용연구소는 뇌가 의사결정과정과 리더십 특성에 어떻게 반응하는지를 알아보기 위한 목적으로 설립된 연구소이다.

1964년 리든비존슨 전 미국대통령의 "데이지 선거광고"[29]는 미국 국민들에게 시사 하는 바가 매우 컸다. 이 광고는 어린 소녀가 핵폭탄이 터지고 있는 상황에서도 핵의 위험물을 전혀 모른 체 데이지 꽃을

---

29) 마틴 린스트롬, 전게서, pp50-52

들고 총총 뛰며 마냥 행복해 하다가 핵폭탄 폭발과 함께 무참히 사라져가는 어린 생명의 모습을 보여주는 광고 촬영물이다. 이 광고를 본 실험참가자들은 어떤 반응을 보였을까? 이 광고를 본 유권자인 실험참가자들의 편도체에서 눈에 두드러지는 활성화가 이루어짐을 알 수 있었다. 이 부위는 공포, 두려운, 불안감 등의 감정을 맡고 있는 영역이다. 그런데 동일한 데이지 광고를 보고, 공화당지지자와 민주당지지자의 반응이 다르게 나타났다. 민주당지지자의 편도체가 공화당지지자의 편도체보다 훨씬 활성화되었다. 유전자의 두려움을 자극하는 것이 정치에 있어 매우 중요한 역할을 한다는 사실이 입증된 것이다. 1964년 선거에서 존슨은 승리를 차지할 수 있었다.

2003년 FKF는 "부시"vs"케리" 선거전초전에서 선거 방법에 대한 유권자들의 반응을 분석해봤다. 실험결과, 두려움 자극전략이 정치적 효과가 충분하다는 동일한 결과를 얻었다.

② 연상작용

영국의 브랜드전문가 로버트 히스(Robert Heath)교수는 안드렉스(Andrex)라는 화장지의 브랜드 성공요인에 대한 조사를 했다.

안드렉스는 경쟁사인 클리넥스(Kleenex)보다 두 배 이상의 수익을 냈고, 판매량에서도 앞섰다. 「안드렉스」나 「클리넥스」나 모두 멋지고 세련된 광고를 했다. 광고에 투입된 제반비용도 거의 동일한 수준이었다. 그런데 결과는 「안드렉스」의 압도적 승리였다. 승리의 요인은 무엇이었을까? 그것은 광고가 주는 연상효과였다. 「안드렉스」는 레브라도 강아지를 이용했다. 그리고 다음과 같이 광고했다. "부드럽고, 질기고 길어요." 레브라도 강아지가 마치 눈썰매와 같이 화장지를 타고 언덕길을 내려오는 장면이 비춰진다. 그리고 빠르게 주행하고 있는 자동차에 어떤 여자가 타고 있다. 그리고 그 여자는 강아지를 앉고 있었고 그 뒤로 안드렉스 화장지로 만들어진 긴 띠가 바람에 펄럭여 레드카펫처럼 펼쳐지는 장면이 연출된다.

여러분들은 "강아지"로부터 어떤 이미지가 연상되는가? 우리는 보통 어린아이 그리고 변기라는 훈련을 연상한다. 이 같은 연결고리는 광고를 더욱 효과적으로 만들었다. 「안드렉스」나 「클리넥스」 화장지 두 회사제품을 비교해 볼 때 「클리넥스」보다 「안드렉스」가 훨씬 강력한 연상작용을 불러일으킨다. 사람들은 어떤 뚜렷한 증거도 없이 막연하게 「안드렉스」가 「클리넥스」보다 훨씬 좋다고 느낀다. 이것이 연상 작용의 효과이다.

여러분들도 「스파이더맨」이라는 영화를 본적이 있을 것이다. 소니사는 「스파이더맨3」를 상영하기 전 몇몇 영화관의 남자화장실에 깜짝 놀랄 연상작용 효과를 거둘 수 있는 체감표지를 만들었다. 남성들의 소변기 앞에는 사람들이 많으면 줄을 서야 한다. 줄을 선 사람들이 자기 자리에서 위쪽을 올려다보면, 높은 천장위에 가느다란 플라스틱으로 만들어진 2미터 정도의 길이로 된, 마치 거미줄과도 같은 소변줄기가 매달려 있었다. 그리고 그 옆에 이렇게 쓰여 있었다. "스파이더맨3…… 개봉박두"

③ 시각 그리고 후각

사회가 복잡해질수록, 다변화될수록 그리고 과학이 발달할수록 우리는 어느 때보다도 시각적으로 훨씬 더 많은 정보와 자극을 받고 있다. 그런데 자극이 많으면 많을수록 인간들은 그 자극에 무덤덤해진다는 사실이 여러 연구결과에 의해 밝혀진 바 있다. 20세기 폭스사는, 비디오 게임에 나오는 다양한 광고들에 대하여 소비자들이 어떤 반응을 보이는지를 알기 위해 뉴로코(Neuroco)라는 뇌 스캐닝회사에 실험을 의뢰했다. 실험은, 실험참가자들의 전기적 두뇌활동이 안구의 움직임과 어떤 상호관계를 갖고 있는지를 살펴보는 것이었다. 먼저 거리에 설치된 광고물들 중, 사람들은 어떤 것에 관심을 갖고 있는지를 알아보는 것으로부터 출발하기로 했다. 이를 위해 실험참가자들에게 파리시내의 가상 산책게임을 실시했고 이를 통해 파리시내의 옥외 광고판, 광고판 및 버스옆면에 부착된 광고판들을 살펴보게 했다. 그러나 실험결과, 어떤 광고도 실험참가자들의 관심을 끌지 못했다. 너무나 많은 시각적 자극은 사람들을 그저 무덤덤하게 만들었던 것이다.

구매동기를 유발시키는데 있어 시각은 대단히 중요한 역할을 한다. 그러나 많은 경우, 시각효과는 우리가 일반적으로 생각했던 것만큼 강력한 효과를 갖지는 못한다. 다만 시각이 후각이나 청각 등과 합쳐졌을 때 막강한 효력을 발휘한다. 만약 어떤 제품이 이미지가 후각과 결합한다면 어떤 결과를 가져오게 될까? 캘버트박사에 의하면, 우리가 선호하는 어떤 대상을 시각적으로 쳐다보면서 이와 동시에 냄새를 맡게 될 때 우리의 뇌는 여러 부위가 활성화 된다고 했다. 단순히 시각에만 의존하는 경우에는, 유쾌하고 행복해 할 수 있는 어떤 것을 감지하는 기능을 담당하고 있는 우리 뇌의 우측중앙 안와전두피질을 활성화시킬 수 없다. 단순한 시각의 경우, 좌측후면 안와전두피질이 활성화된다. 좌측후면 안와전두피질은 부정적, 혐오스러움을 담당하는 부위이다. 시각에 의한 이미지와 후각이 적절하게 결합된 경우에는, 인간의 일차적 후각피질인 우측이상엽피질(prinform cortex)과 정서적 적합성을 암호화하는 편도체가 동시에 활성화 된다. 즉 시각 이미지 그리고 우리를 행복하게 할 수 있는 향기가 잘 조화되어지면, 그 대상은 더욱 호감적이며 친근하며 유쾌하고 행복한 것으로 인지되며, 더욱 우리의 뇌 속에 강력하고 장기적인 기억을 심어주게 됨을 의미한다. 만약 여러분이 상쾌한 아침을 맞이하며 솔솔 풍겨오는 신선한 샐러드와 맛있는 프렌치토스트의 냄새를 맡게 된다면, 여러분의 뇌는 여러분 기억 속에 있던 정말 향기로웠던 커피한잔을 연상시키게 될 것이다.

④ 후각에 의한 감각연상

여러분들도 아기일 때 존슨 앤 존슨의 베이비파우더를 발랐을 것이고 아직도 그 향을 기억하고 있다. 존슨 앤 존슨회사의 로고를 기억하고 있지 못할 수도 있지만 아직도 많은 사람들은 이 향을 기억하고 있고 좋아하고 있다. 사람들은 왜 이 제품을 좋아할까? 그것은 감각연상(sensory association) 때문이다. 어린 시절 존슨 앤 존슨 베이비파우더를 사용한 사람이라면, 나이가 먹어도 이 향기를 맡게 되면 여러분의 어릴 적 추억들이 기억 속에서 되살아난다. 여러분의 엄마가 당신에게 젖을 물릴 때 맡을 수 있었던 너무나 포근했던 엄마의 냄새, 이유식을 먹일 때도 느낄 수 있었던 그 냄새. 바로 여러분의 추억의 냄새이며 엄마의 냄새이고 존슨 앤 존슨의 베이비파우더 냄새이다.

모든 감각 중 후각은 가장 원초적인 것이다. 동물의 왕국이라는 TV 프로그램에서 볼 수 있듯이, 모든 동물들이 행동을 결정하기 위한 가장 기초적 자료가 바로 후각이며, 인간도 마찬가지이다. 후각을 제외한 다른 감각들은 그들이 담당하는 기관들이 정보를 보내면, 반응 전에 생각을 한다. 그러나 후각은 생각하기 전에 먼저 반응하는 특징이 있다. 뉴욕에 있는 삼성가전제품 매장에 가면, 매장 안에서 멜론향이 풍겨 나온다고 한다. 이 냄새는 매장을 찾아온 고객들로 하여금 어떤 연상작용을 하게 만들어 가격에 놀라지도 않고 동요됨이 없이 안정감을 갖게 된다고 한다. 미세하게 풍기는 멜론향이, 고객을 마치 남쪽바다의 어떤 환상적인 섬으로 순간 이동시킨 느낌을 들게 한다고 한다. 그래서 고객을 편하게 만든다고 한다.

여러분들은 패스트푸드점에 갔지만 건강을 생각하여 다이어트에 좋은 야채샐러드를 꾸준히 생각하다가 뱃속의 배고픔을 강력하게 끄집어내는 베이컨 치즈버거의 냄새를 맡고 메뉴를 바꾸어 본적은 없는가? 후각의 감각연상효과이다. 이를 위해 어떤 매장에서는, 방금 조리된 베이컨 치즈버거와 같은 향을 풍기는 코드명 RTXP338PJS를 이용하여 고객을 유인하는 전략을 사용하는 곳도 있다.

⑤ 청각

소리 또한 강력한 시각적 이미지를 떠올리게 한다. 더운 여름날, 친구들과 운동을 한 후 식사를 하기 위해 식당에 앉아있다. 어디선가 병따는 상쾌한 소리가 들려온다. 여러분은 머릿속에 여러분이 즐겨먹던 시원한 맥주의 시각적 이미지가 떠오르게 된다.

시리얼 회사인 「켈로그」의 아삭아삭 씹히는 소리를 디자인하기 위해 덴마크의 한 연구소까지 동원하여 수년간 소리작업을 했다. 이제는 누구나 일반적인 콘플레이크 소리와 「켈로그」의 소리와의 차이는 분간할 수 있게 됐다.

## 4) 효과적 자동모드기능과 광고

### 가) 담배 갑 경고문

8개의 다국적 회사로부터 자원을 받아 2004년부터 담배 광고에 대한 연구가 시작되었다. 마틴 린스트롬(Martin Lindstrom)의 주도하에 약 3년이라는 기간이 소요된 이 연구는 대략 700만 달러가 소요된 대규모 프로젝트였다. 10명의 교수와 의사들, 약 200명에 달하는 연구원 그리고 수 천명의 실험참가자들이 이 실험[30]에 참여하였다.

이 연구는 영국출신 캘버트교수와 실버슈타인교수가 연구의 중심에서 진행되었다. 예전에는, 담배 갑의 그 어느 곳에서도 흡연이 건강에 나쁘다는 경고 문구를 찾아볼 수 없었다. 그러나 2006년경 담배 갑 옆면에 다음과 같은 경고문구가 인쇄되기 시작했다. “흡연은 폐암을 유발할 수 있습니다.” “흡연은 폐기종을 유발할 수 있습니다.” “임산부흡연은 태아에 해롭습니다.” 누구라도 이 같은 문구를 보면 가슴이 섬짓할 것이다. 그렇다면 담배 갑에 새겨 넣은 흡연에 대한 경고 문구는 과연 금연에 얼마만큼 효과가 있었는가 하는 것이 가장 큰 관심거리일 것이다. 물론 이 같은 흡연에 대한 경고문구가 금연에 도움을 준다는 것은 그 어느 누구라도 의심할 바가 없는 것이었다. 담배 갑에 새겨진 흡연에 대한 경고 문구는 위에서 설명한 미국식 표현방법 이외에도, 유럽지역에서는 훨씬 더 강력한 표현을 담은 경고문구가 인쇄되어졌다. 그리고 2006년 이후, 이 같은 경고 문구는 우리나라를 포함한 많은 국가들에서도 쉽게 찾아볼 수가 있었다. 전 세계적으로 흡연으로 인한 무서운 결과들에 대하여 모두 공감을 했고, 각국 정부

---

30) 마틴린스트룸, 전게서, pp25-33

들은 금연캠페인을 위해 막대한 재정적 지원을 아끼지 않았다.

그러나 전 세계적인 금연 캠페인에도 불구하고 전 세계 성인 남성의 1/3은 여전히 담배를 피웠다. 금연 운동이 별효과를 거두지 못한 것이다. 특히 중국의 경우에는 13억 명의 인구 중 3억 명이 담배를 피우고 있었다. 또한 전 세계적으로 오늘날 지구상의 총 흡입인구는 14억 명에 달하고 있다. 그리고 2025년에는 총 흡입인구가 약 16억 명으로 증가할 것이라고 예측한 세계은행은 흡연에 대한 심각성을 몹시 염려하고 있는 실정이다. 이글을 쓰고 있는 나 자신도 20년 전에는 하루에 담배 한 갑 반 정도를 피웠다. 그리고 그 이후에 담배를 끊었다. 그러니까 담배를 끊은 지 벌써 20년이 됐다. 담배를 끊게 된 동기는, 흡연이 인체에 미치는 악영향이 엄청나다는 사실을 새로 알았기 때문도 아니다. 이 같은 사실은 국민 누구라도 잘 알고 있는 상식 수준의 진실이다. 그리고 그 당시 담배 갑에는 흡연에 대한 경고문도 있지도 않았다. 금연을 하게 된  동기는, 훨씬 그 이전부터 금연을 시도하겠다는 의지를 갖고 있었는데, 어느 날 그 의지를 문득 행동으로 옮기고자 했던 생각이 들었기 때문이었다. 만약 내가 담배를 피우고 있었던 시절이었다면…… 그리고 담배 갑에 흡연에 대한 경고문이 새겨져 있다면, 과연 나는 어떤 생각이 들었을까? 하는 생각을 해보았다. 아마 나는 다음과 같이 생각했을 것이다. "그래 흡연은 당연히 위험해, 저렇게 끔직한 결과를 가지고 오는구나……, 그렇지만 설마 내가?, 나는 아니야. 나는 괜찮아. 다른 사람이야기야. 어이! 괜히 속만 니글거린다! 담배나 한 대 더 피워야겠다."

미국, 중국, 일본, 독일에서 선발된 2,081명의 자발적 실험참가자들 중에서 32명의 흡연자를 선발하여 실험을 진행하였다. 이들에게는 첨단장비인 fMRI와 SST를 사용하여, 외부의 자극에 인간의 자아가 어떻게 반응하는지 그리고 인간의 행동과 무의식이 어떤 관계를 갖고 있는지를 알아보고자 했다. 한명의 실험참가자는 fMRI안에 한 시간도 넘게 머물러 있어야 했다. 실험참가자들에게, 담배 갑의 경고문이 작은 영상 장치를 통해 여러 각도에서 보여 졌다. 이 상태에서, fMRI 속에 있는 실험참가자에게 흡연욕구에 대한 질문을 한다. 그리고 실험참가자는 질문에 대답을 할 수 있는 버튼 장치를 누르게 된다. 이 실험은 선발된 32명에게 매번 새로운 주제로 약 6주간 지속되어졌다.

캘버트는 실험이 끝나고 다음과 같은 실험결과를 제출했다. 담배 갑에 새겨진 흡연문구는 흡연자의 흡연욕구를 전혀 억제하지 못했다는 놀라운 사실을 전달했다. 전 세계적으로 벌였던 금연운동 그리고 각국의 재원, 시간, 인력, 이 모든 것들이 아무 소용이 없었던 것이다. 이 설명과정은 fMRI와 SST에 의해 모두 과학적 자료로 남겨졌다. 담배 갑에 새겨진, 흡연으로 인한 암, 심장질환 등 심각한 악영향에 대한 경고문은 흡연자들 뇌 속의 욕망을 관장하고 있는 부위(craving spot)인 측중격핵(nucleus accumbens)이라는 부위를 활성화 시켰다. 측중격핵은 술, 마약, 도박, 섹스 그리고 담배에 대한 욕구 등이 발생하게 되면 이 부위의 뉴런들이 활성화된다. 자극을 받게 되면 측중격핵은 더 많은 자극에 대한 욕구가 만들어진다. 즉 더 많은 술, 마약, 도박, 섹스, 담배 등에 대한 욕구가 증대된다는 것이다.

담배 갑에 새겨진 경고문은 흡연자들이 금연할 수 있도록 도움을 준 것이 아니라 경고문이 측중격핵을 자극하여 오히려 흡연의 욕구를 부추긴 결과를 가져왔다. 그런데 재미있는 것은, 실험에 참가한 참가자들에게 질문한 담배 갑 경고문이 흡연자들의 금연에 효과가 있을 것인가에 대해, 거의 모든 실험참가자들은 fMRI기계장치 안에서 그렇다 라고 버튼장치를 통해 긍정적 답변을 하였다. 그러나 그의 뇌 속에서는 오히려 흡연욕구가 증대되어졌다. 의식은 긍정적 반응을 보인반면 무의식은 긍정적이지 못한 방향으로 움직인 것이다. 내 몸속에 나도 모르게 또 다른 내가 있었던 것이다. 담배 갑 경고문에 대한 실험참가자들의 긍정적 답변은 어떻게 나오게 된 것일까? 끔찍한 흡연 경고문을 보면 누구나 다 당연히 금연에 도움을 줄 수 있을 거라고 생각했을 수도 있다. 또는 이 같은 질문은, 실험의 연구자들의 의도가 모두 긍정적 답변을 요구하는 것일 거야 라고 생각하여 금연에 도움을 줄 수도 있다고 답했을 수도 있다. 혹은 실험참가자들이, 자신들의 흡연이 건강에 치명적인 악영향을 미칠 수 있다는 자신들에 대한 죄책감으로, 응당 자신들이 나가려고 할 방향 즉 금연해야 한다는 방향으로 답했을 수도 있다.

### 나) 강력한 자동모드기능을 작동시킬 수 있는 PPL광고

#### ① 자동모드기능을 작동시키지 못하는 이유

2013년에 종영된 TV주말드라마 「내 딸 서영이」는 대단히 높은 시청률을 가졌던 프로그램이다. 주로 우리의 어머니들이 선호했던 TV프로그램이었다.

또한 젊은 층들은 TV드라마 보다는 음악프로그램을 선호하는 경향이 있다. 그중 「보이스오브코리아」라는 TV오디션 프로그램은 젊은 층들에게 상당한 인기를 끌고 있다. 그 프로그램은 사실 젊은 사람들만 좋아하는 프로그램은 아니다. 거의 모든 계층의 사람들이 관심을 갖고 있는 TV프로그램이라 할 수 있다. 아마 우리나라 사람들의 예능적 자질이 다른 여러 나라에 비해 상대적으로 높은 수준이라는 생각이 든다. 맨 처음 시작했던 영국이나 미국의「보이스 오브 잉글랜드」혹은「보이스 오브 아메리카」에 출연한 영국인들이나 미국인들과 그 재능의 수준을 비교해 봐도 우리나라 사람들의 재능수준은 가히 존경스러울 정도이다. 나도「보이스 오브 코리아」를 열시청하고 있는 극성팬 중의 한사람이다. 그런데 옛날에 비해 나이가 더 들어가면서 TV시청시간은 점차로 증가하는 것 같다. 그럼에도 불구하고 기억력은 점점 떨어져 감을 느낀다. 이것은 비단 나 개인에 해당하는 현상은 아니다. 남녀노소 누구에게나 적용되는 생활양식의 변화이며 시간이 만들어 내는 노화현상이다. 모든 TV방송사에서는 거의 모든 프로그램을 내보내기 이전에 그리고 내 보낸 직후, 방송사의 주요 수입원으로 상업광고를 방영한다. 여러분들도 TV에서 많은 상업광고를 보고 있을 것이다. 그런데「내 딸 서영이」혹은「보이스오브코리아」프로그램이 시작되기 바로전이나 프로그램이 끝난 직후에 분명 상업광고 방송을 방영했을 텐데, 어떤 광고였나를 아무리 생각해도 기억이 나지 않는다. 그래서 나 보다 훨씬 젊은 나의 딸들에게 물어보았다. 그 광고방송이 어떤 것이었냐고 재미있는 것은, 젊은 사람들도 확실히 어떤 광고 방송이었는지 기억을 못한다는 사실이었다.

사회가 복잡해지고 다변화되어질수록 우리가 일상에서 접하는 정보의 양은 점점 증대해간다. 그리고 나이가 더 많아질수록 기억력은 점점 더 약화된다. 비록 젊다고 하더라도 점점 증대해가는 전체 정보 총량 중 기억할 수 있는 기억 량은 시간이 흐를수록 그 비중이 점점 감소될 수밖에 없다. 광고에 대한 기억을 얼마만큼 하고 있는지에 대한 조사 자료를 살펴보면, 1965년에는 광고를 기억하는 비율이 34%였는데, 1990년에는 8%로 감소했다. 즉 인간이 접하는 총 정보 중 기억할 수 있는 정보의 양은 일정하다. 이것이 인간의 한계이다. 그런데 시간이 흐를수록 인간이 접하는 정보의 총량이 엄청난 속도로 증가하고 있으므로 그 비중이 점차로 감소하게 된 것이다. 1990년에 8%였다면, 2013년 현재는 몇 퍼센트 일까? 1990년에 비해 교통은 얼마만큼 발달했고 정보전달매체들은 얼마만큼 발달했는가? 특히 스마트폰의 발명과 더불어 현대인은 정보의 홍수 속에 파묻혀 살고 있다. 이러한 환경 변화에 대해 우리 뇌는 어떤 반응을 할까? 우리 뇌는 급증하는 정보총량으로 스스로를 보호하기 위해 정보전달 체계를 강화하려 한다. 즉 우리가 접하는 모든 정보를 그대로 전달하는 것이 아니라 선별과정을 거쳐 그중 일부만을 전달하는 정보전달 보충체계를 강화한다. 결국 「내 딸 서영이」 나 「보이스오브코리아」 프로그램 전·후에 방영되었던 광고프로그램을 기억하지 못하는 이유는, 인간의 기억능력의 한계로 인해 기억할 수 있는 정보의 양은 일정한데 인간이 접하는 정보총량이 너무나 많기 때문이다.

그런데 우리가 그 광고를 기억하지 못하는 또 다른 이유가 있다. 즉 우리들의 기억 속에 확고히 저장할 수 있는 독창적인 광고가 못되기 때문이다.

마케팅을 전문으로 하고 있는 마틴 린스트롬은 여러 회사들의 광고 독창성에 대해 실험을 하였다. 그는 20개의 자동차 회사가 최근 2년 내에 제작하여 TV를 특히 방영했던 60편의 광고를 녹화했다. 그 광고들 모두에서 공통점이 발견됐다. 번쩍 번쩍 빛나는 으리으리한 자동차가 등장한다. 구름 위를 날 듯 부드럽게 달려 나간다. 거친 사막에서 자태를 뽐냈고 심지어 스키점프대 위에서도 멋스러움을 자랑했다. 광고에 출연한 각 회사의 모든 자동차들은 거의 유사한 광고장면을 연출했다.

마틴 린스트롬은, 시청자들이 광고를 봤을 때 광고에 등장하는 자동차가 어느 제조회사의 것인지를 알아볼 수 있는 광고영상을 만들기 위해 기존의 특징 없는 광고영상은 지우고, 그래도 조금 나은 장면들은 집어넣고 하는 과정을 거쳐 2분짜리 광고를 다시 만들었다. 그럼에도 불구하고 그가 편집한 광고물도, 어떤 것이 도요타인지, 닛산인지, 혼다인지, 아우디인지, BMW인지 벤츠인지, 폭스바겐인지를 구분할 수 없었다. 시청자들의 뇌 속에 깊은 인상을 심어줄 수 있는 광고는 하나도 없었던 것이다.

② 강력한 자동모드기능을 작동시킬 수 있는 PPL

이제 미국에서 방영된 「아메리칸 아이돌」이라는 TV프로그램을 살펴보기로 하자. 이 프로그램을 살펴보는 이유는, TV프로그램을 이용하여 어떻게 광고를 하는 것이 소비자들의 뇌 속에서 강력한 자동모드기능을 작동시킬 수 있는가를 알아보기 위해서이다[31].

특히 TV프로그램속의 간접광고인 PPL(Product Placement)을 중심으로 분석해 보기로 한다. 「아메리칸 아이돌」 TV프로그램은, 싱귤라 와이어리스[32](Singular Wireless)와 포드 그리고 코카콜라는 3개의 대규모 기업으로부터 후원을 받아 제작됐다. 이에 따라 3사는 이 프로그램을 통해 광고를 할 수 있게 됐다. 이 회사들이 지불한 연간 광고비는 2,600만 달러로서 미국 역사상 가장 큰 광고비였다.

31) 마틴린스트룸, 전게서, pp64-80

32) AT&T에 매각된 이후 싱귤라 와이어리스라 불렀음.

우리도 「아메리칸 아이돌」 TV프로그램을 재미있게 본 기억이 난다. 남자 2명과 여자 1명의 심사위원. 서로 옥신각신하며 충돌되는 의견을 제시하여 프로그램의 재미를 더한다. 그리고 특히 사이먼이라는 심사위원은 독특한 그의 개성과 제시된 의견 내용의 독특함으로 너무나도 확고한 인상을 심어준 바 있다. 그런데 그가 앉아있던 심사위원석에는 음료수가 놓여있고, 그가 이따금씩 마시는 장면도 비춰지곤 했다. 그 음료수는 다름 아닌 코카콜라였다. 심지어 사이먼은 심사위원들 끼리의 대화중에서도, 코카콜라 때문에 이 어지러운 시간이 다시금 맑은 기분으로 되돌아 갈 수 있다는 등의 발언을 했다. 그리고 심사위원들이 앉아있는 의자나 소파를 기억하는가? 모두 코카콜라병을 연산시킬 수 있는 모양으로 제작되어져 있었다. 또한 참가자들이 그들의 재능을 발휘하기 전에 대기하던 대기실과 무대에서 내려와 TV와의 인터뷰를 하던 방, 이 방들의 벽면은 코카콜라를 상징하는 붉은색으로 칠해져 있었다. 예리한 눈빛으로 참가자들의 경연 하나하나를 응시하며 참가자들이 저지른 실수나 지적사항을 찾아내기라도 하듯 사이먼의 눈이 예리하게 빛났다. 그리고 이따금씩 코카콜라를 마신다. 이 장면이 고스란히 TV방송을 타고 전파된다. 물론 다른 심사위원의 책상 앞에도 코카콜라가 놓여있고 가끔씩 입을 축이고 있으며 이 또한 TV에 방영된다. 세 심사위원이 실전을 벌이는 장면이 TV에 노출되는 동안 그들이 앉아있는 의자나 소파가 코카콜라의 모양임이 확인되어진다. 그리고 대기실과 인터뷰실의 출연자 인터뷰 뒤 배경은 모두 코카콜라를 연상시키는 붉은색으로 도배되어 있다. 「아메리칸 아이돌」에서 코카콜라, 포드, 싱귤라 와이어리스는 모두 프로그램의 중간 중간에 30초짜리 광고가 방영된다. 그리고 쇼 진행 도중에 위에서 살펴본 바와 같이 그들 제품이 TV방송에 노출되어진다.

코카콜라의 광고에는 못 미치는 수준이지만 싱귤라 와이어리스도 쇼 중간 중간의 30초짜리 광고 외에, 이 회사의 제품이 노출됐다. 사회자 라이언은, 싱귤라 와이어리스 휴대전화를 보여주면서 문자 투표 방식을 거듭 설명했다. 더 나아가 그는 싱귤라 와이어리스에 가입된 휴대전화만이 이 문자 투표에 응할 수 있음을 상기시켰다. 그리고 문자 투표를 집계하는 전화기에도 싱귤라 와이어리스 로고가 부착되어 있음을 TV를 통해 볼 수 있었고 투표 집계 시에도 싱귤러 와이어리스 로고가 TV에 함께 비춰졌다.

그러나 2,600만 달러라는 막대한 광고비를 지불한 회사 중 포드사만이 프로그램에서 등장을 하지 않았다. 프로그램 중간 중간에 방영되는 30초짜리 광고이외에 아무것도 포드의 흔적을 찾아볼 수 없었다. 「아메리칸 아이돌 시즌6」에서도, 포드는 자사 자동차가 등장하는 뮤직 비디오를 제작하여 총 11번의 결선무대에서 중간 삽입광고로만 들어갔다.

그 후 「아메리칸 아이돌」 프로그램 시청자들을 대상으로 실험이 행해졌다.

SST실험 결과, 시청자들은 싱귤러와이어리스 보다도 코카콜라를 더 확실히 기억했다. 그러나 포드를 기억하는 사람은 별로 없었다. 실험에 참가한 시청자들은, 실험에 참가하기 전보다 포드광고를 오히려 더 기억하지 못했다. 포드사는 2,600만 달러를 들여 포드사의 잠재소비자의 일부마저도 없애버린 꼴이 되었다. 코카콜라로 도배된 「아메리칸 아이돌」 프로그램은 포드광고에 대한 일부의 기억마저도 없애버린 것이다.

포드사는 시장에서 아무런 매출의 변화를 갖지 못했다.

코카콜라와 포드사의 광고비교를 해보도록 하자.

코카콜라는 자 회사제품이 든 컵을 TV방영에 유리하도록 교묘히 배치했고, 코카콜라를 연상시킬 수 있는 가구를 배치했고, 코카콜라를 생각하게 할 수 있는 색으로 사방을 도배했다.

반면 포드사는 프로그램과 따로 놀았다. 프로그램 중간 중간에 삽입되는 전통방식의 광고에만 참여하였다. 그 프로그램을 보던 나도, 중간에 광고가 시작되면 화장실에 가곤하였다. 그러나 프로그램이 시작되면 광고에 몰입하였고, 그 프로그램은 마치 코카콜라 단독으로 후원하고 있다는 느낌마저 들었다. 프로그램 내에서 보이는 것은 모두 코카콜라뿐이었기 때문이다. 결국 포드사는 「아메리칸 아이돌」 프로그램에 녹아들지 못했고, 코카콜라는 그 프로그램과 자연스럽게 하나가 되었다. 그래서 포드라는 브랜드는 잊혀 질수밖에 없었다.

위에서 살펴본 코카콜라 광고의 예는, 어떤 특정 프로그램 속에 얼마만큼 강력하고 자연스런 이미지로 스며들 수 있는가에 따라, 그 회사제품이 소비자 뇌 속의 자동모드기능에 확고히 저장할 수 있는 가의 여부를 설명한 것이다.

이 같은 PPL광고가 소비자 뇌 속의 자동모드기능에 확실히 호소할 수 있기 위한 또 하나의 조건은, 그 회사 제품이 이야기 속에서 어떤 의미를 갖고 있어야 한다는 것이다.

인기 TV연속극에서 어떤 유명배우가 입고나온 의상이나 핸드백 등이, 연속극 방영 후 매진되었다는 이야기를 심심치 않게 들을 수 있다. 이 연속극에서 전개되는 이야기의 줄거리와 분위기에 유명배우가 착용한 제품들이 정교한 어울림을 가졌을 때 위와 같은 현상이 발생하게 된다. 어쩌면「아메리칸 아이돌」이라는 TV프로그램의 성격에 포드사의 이미지가 조화될 수 없는 것 인지도 모른다.

어떤 회사제품의 이미지가 영화나 TV프로그램의 내용과 잘 조화되어질 수 없는 것이라면 처음부터 그 프로그램에 대한 광고는 시도하지 않는 것이 옳을 것이다.

### 다) 광고와 SEX

① SEX표현방법과 광고효과

영국 런던에 거주하고 있는 엘리파커(Ellie Parker)와 에드리언 펀햄(Adrian Funham)은 2007년, 광고에 섹스를 어필할 때 어떤 것이 소비자들의 자동모드기능에 깊숙하게 파고들어갈 수 있는가를 실험해 보았다. 그들은 15명씩으로 조를 구성해 4개의 조, 총 60명의 젊은이들을 실험에 참여시켰다. 그리고 이를 다시 두 개의 조를 한데 묶어 30명씩으로 하여 크게는 두 개의 조로 나누었다.

첫 번째 조 30명에게 미국의 TV드라마「섹스 앤 더 시티」1회분을 시청하게 했고, 나머지 조 30명에게는「말콤네 좀 말려줘」를 1회분 시청하게 했다.「섹스 앤 더 시티」라는 프로그램은, 미국사회에서 여성들의 개방적인 성생활을 다룬 것이었다. 이에 반해「말콤네 좀 말려줘」는 섹스와는 거리가 아주 먼 패밀리 시트콤이다.

30명씩 두 조에게는 각 프로그램 1회분의 시청중간에 각각 성격이 다른 광고를 보여주었다. 한조는 샴푸, 향수, 맥주광고와 같은 섹스와 관련된 광고를 보여주었고, 다른 한조에게는 섹스와 전혀 관계없는 광고를 보여주었다. 물론「섹스 앤 더 시티」시청 조는 중간에 섹스관련광고를 보게 했고, 「말콤네 좀 말려줘」 시청 조에게는 섹스와는 전혀 관계없는 광고를 보여주었다.

어느 광고가 더 잘 기억되어졌을까? 실험결과는 후자였다. 즉 섹스와 관련 없는 광고를 시청한 조가, 자기가 본 드라마 중간에 어떤 광고를 했는지에 대해 더 잘 기억했다. 이것은, 노골적인 섹스를 이용한 섹스관련광고가, 자신들이 시청한 「섹스 앤 더 시티」의 성적 콘텐츠에 의해 광고의 이미지가 흐려졌기 때문으로 풀이된다. 결국 이 실험은, 섹스는 그 자체를 제외하면 다른 분야에 대한 기여도가 높지 않다는 것이었다.

직접적인 성적 내용을 표현한 광고와 성적 이미지를 표현한 우회적 광고 중 어떤 것이 좀 더 사람들의 뇌 속에 깊이 그리고 오래 남는가를 알기 위한 실험에서 다음과 같은 수치들을 얻을 수 있었다. 광고에서 성적 내용을 담고 있는 경우, 이 광고를 기억하고 있는 남성들은 9.8%였다. 반면 섹스 이미지를 담고 있는 광고를 본 남성들은 거의 20%가 이 광고를 기억했다고 한다.

이러한 현상은 여성의 경우에서도 마찬가지였다.

### ② 사회적 여론 조성과 광고

미국 소비자들에게 캘빈클라인(Calvin Klein)은 그 제품 광고 속에서의 섹스이미지가 기억된다. 캘빈클라인은 15세 소녀 브룩쉴즈를 그의 제품광고에 등장시킴으로 해서, 섹스를 활용한 광고의 효과라는 소리를 들었다. 그의 광고 속에 나오는 분위기는 다음과 같이 표현될 수 있다.

바지의 여러 곳이 찢어져 있고 찢어진 곳의 섬유들은 다소간 너덜거린다. 심플한 셔츠를 입고 윗 단추 몇 개는 풀어 헤친 채 뭔가 불만이 있는 듯한 표정을 짓고 있다. 이런 분위기의 젊은 커플들이 자유스러운 포즈를 취하고 있다. 또한 그 옆에는 넓적다리마저도 헐렁하게 보이는 원색의 팬티로 사타구니부분을 감싼 채 어려보이는 소녀에게 기대어서 있었다. 곧 그들이 무슨 일을 저지를 것 같은 분위기를 자아내고 있다. 이와 유사한 분위기를 자아내는 아주 젊은 커플들의 몸매는 그야말로 조각 같은 근육을 자랑하고 있다.

대충 위와 같은 캘빈클라인 특유의 분위기이다. 지나칠 정도로 섹스에 어필하고 있다는 것을 알 수 있다. 이 같이 그의 광고에 등장하는 조각 같은 젊은 남성들의 몸매, 풍만한 가슴과 매력적 외모를 뽐내는 젊은 여성모델들의 등장은 사회에 커다란 파장을 불러일으켰고, 광고효과에 따른 수입 또한 엄청난 것이었다. 그러나 지나칠 정도의 파격적이고 도발적 광고는 대중들로부터 비난을 받게 됐다.

유명 여성운동가, 여성단체, 정치가 등이 이 비난의 대열에 합세했다. 그러나 이 같은 비난은 오히려 캘빈클라인의 매출을 대폭 증대시키는 결과를 낳았다. 그는 주요 백화점 청바지 매장에서 70% 정도의 점유율을 갖게 되었다. 1985년 캘빈클라인은 광고속의 섹스표현정도를 더 높게 시도했다. 여론은 당연히 더 시끌벅적 하였다. 미국 법무부마저도 캘빈클라인 광고에 대해 법 위반 여부 조사를 실시하기로 했다. 그러나 이 같은 일련의 사태는 더욱 화제가 되었고 이로 인해 더욱 자유스러운 광고환경을 탄생시키는 결과를 가져왔다. 그 해에 젊은 사람들이 가장 입고 싶어 하는 옷으로는 캘빈클라인의 새로운 청바지였다. 사타구니와 엉덩이의 솔기가 모두 위로 올라가 이 부분을 강조할 수 있게 재단된 캘빈클라인의 새로운 청바지였다.

위에서 살펴본 바와 같이, 매출증대의 원인은 무엇일까? 섹스? 혹은 사회적 논란거리? 이에 대한 많은 연구에 따르면, 섹스보다는 사회적 논란이 가장 큰 이유라 했다. 그러나 대중 모두에게 지탄받는 사회적 논란거리는 예외일 것이다. 그 논란은 찬성과 반대 입장을 표명하는 팽팽한 두 집단으로 나누어져 있어야 하며, 모든 소비자가 이 정보를 알 수 있도록 동원 가능한 매스미디어가 그 역할을 충분히 수행해주는 환경이 조성되어져야 가능할 것이다.

## 2. 소비자 구매조사

생산되기도 이전에 이 발명품으로 인해 인류의 삶의 방식이 달라질 것 이라고 예언했다. 이 발명품은 기존의 교통수단을 대체할 것이다. 기존의 교통수단은 단점 투성이고 사용하기에 너무 불편하다. 이 획기적이고 역사적인 발명품이 곧 출시될 것이라 했다. 애플의 스티브 잡스까지도 이 발명품에 너무 감탄하여 이 제품을 소개하는데 최대한의 찬사를 아끼지 않았다. 이 제품의 출시를 앞두고 이 제품의 미래에 대하여 그 누구하나 부정적 견해를 갖고 있는 사람은 찾아볼 수가 없었다. 뉴잉글랜드의 어떤 공장은 월 4만대 정도를 생산할 것으로 예상하고 이에 걸 맞는 생산라인을 구축했다.

세그웨이 피티 (Segway, personal transporter) 이야기이다. 2001년 12월 세그웨이라는 개인용 운송수단이 출시되었다. 최초에 생산된 세그웨이 3대가 경매에 부쳐졌다. 대당 10만 달러 이상의 가격으로 판매되었다.

그러나 2003년 가을, 세그웨이 총 판매대수는 6,000대 정도였다.

뉴잉글랜드의 어떤 공장이 예측한 월 4만대로 계산하면 80만대 이상이 팔렸어야 한다. 그런데 6,000대이다.

2006년에는 세그웨이 신 모델을 출시했고, 가격도 대당 5,000-6,000 달러 수준이었다. 판매 실적은 역시 저조하였다. 결국 세그웨이 프로젝트는 실패로 끝났다.

세그웨이처럼, 예상과는 전혀 달리 실패로 끝난 사례는 셀 수도 없이 많다. 코카콜라가 새로운 콜라 「뉴코크」를 출시하기 위해 시장조사를 했다. 소비자 반응이 매우 좋았다. 그래서 1985년 「뉴코크」를 출시했다. 그런데 실제의 소비자 반응은 냉담했다. 코카콜라사의 실패사례는 또 여럿 찾아볼 수 있다. 그중 「코카콜라 블랙」도 마찬가지이다. 소비자들을 대상으로 시장조사를 할 때는 반응이 아주 좋았다. 그래서 2006년 「코카콜라 블랙」을 출시했지만 이 또한 실패로 끝났다.

포드사가 소비자들에게, 소비자들이 타고 싶어 하는 그리고 갖고 싶어 하는 자동차에 대하여 철저한 시장조사를 시행했다. 포드사는 이 같은 시장조사를 통한 소비자의 의견을 한데모아 이를 최대한 반영시킨 자동차를 생산하려 했다. 포드사는 이 과정을 거처 미국인이 바라는 이상적인 자동차를 생산해냈다. 희망과 기대를 안고 시장에 출시했지만 팔려나가질 못했다. 실패작이었다.

제품을 생산하기 전에, 시장조사를 통하여 소비자의 need를 충분히 분석한 후 이를 제품에 반영하여 생산했는데도 불구하고 실제 시장에서는 소비자 시장조사와는 전혀 다른 결과를 가져온 사례가 너무나 많다. 시장조사시 소비자의 의향과 실제 시장에서의 소비자의 태도가 전혀 다르게 나타난 사례이다. 왜 이 같은 현상이 발생했을까? 그 해답을 유명 TV쇼프로그램에서 살펴보기로 하자.

영국의 방송국 웹사이트에서 「퀴즈매니아」라는 프로그램은 영국에서 가장 인기 있는 퀴즈쇼이다. 아직 미국에서는 「퀴즈매니아」가 방영되고 있지 않다. 그렇다면 이 프로그램이 미국에서도 성공할 수 있을까? 아니면 실패작으로 끝날까? 이것이 주요 관심사이다. 이에 대한 해답을 얻기 위해 실험연구가 시작됐다. 공정한 연구가 행해졌다. 남녀 간의 성비와 연령분포 등이 인구통계학적 평균치에 맞춰 배분되어졌다. 남녀 50명씩 4개의 그룹으로 나누었다. 모든 실험참가자들의 뇌에는 각 부위마다 전극이 연결되어져 SST검사를 받을 준비를 갖추어 놓았다. 모든 실험참가자에게 「퀴즈매니아」 프로그램을 보여주었다. 그리고 실험참가자의 1/2에게는 또 다른 TV프로그램 즉 실패작으로 끝난 다른 프로그램을 보여주었다. 그 프로그램의 이름은 「백조」였다. 「백조」 프로그램은 여자의 변신에 관한 리얼리티 쇼다. 얼마 전 우리나라에서도 이와 유사한 TV프로그램을 본적이 있다. 태어날 때부터 신체적 이상을 갖고 태어났는데 경제적 형편이 어려워 수술을 못하고 있던 사람이 이 프로그램에 주인공으로 뽑혀, 새로운 사람으로 다시 태어나는, 그런 프로그램이었다.

물론 이 프로그램은 여성이 그 대상이었고, 이 프로그램은 사람의 얼굴을 성형함에 의해, 수술적 방법에 의한 지방제거에 의해, 운동을 통한 몸매 만들기 등에 의해 주인공을 아름다운 여성으로 새롭게 태어나게 하는 것 이었다. 「백조」나 「let미인」 프로그램과 같은 우리나라의 프로그램과 거의 유사한 프로그램이었다.

실험참가자의 1/2에게 보여 진 프로그램은 「퀴즈매니아」와 실패작 「백조」였다. 그리고 나머지 1/2에게는 「퀴즈매니아」 이외에 성공작으로 평가된 「당신의 집은 얼마나 깨끗합니까?」라는 프로그램이었다. 이 프로그램 역시 문제가 됐던 어떤 집을 정말 깔끔하고 깨끗한 집으로 탈바꿈시키는 희망프로젝트의 성격을 갖고 있는 프로그램이었다.

실험 하루 전날, 실험참가자의 절반에게는 「퀴즈매니아」+「백조」를 그리고 나머지 절반에게는 「퀴즈매니아」+「당신의 집은 얼마나 깨끗합니까?」라는 DVD를 나누어주고, 이를 모두 실험일 전까지 시청해달라고 부탁했다. 그리고 이 두 개의 프로그램을 시청한 후 그 내용에 대한 질문을 해야 하므로, 두 개의 프로그램에 대해 충분히 생각한 후 실험에 임해달라고 했다.

실험은, 먼저 시청한 프로그램에 대해 어떤 느낌을 느꼈는지에 대한 답변이고, 두 번째는 이 과정에서 발생하는 실험참가자들의 뇌 속에 변화를 스캔하는 방식이었다.

먼저 「퀴즈매니아」와 「백조」를 시청하고 온 실험참가자들에게 두 프로그램에 대한 선호도를 질문했다. 그리고 「퀴즈매니아」와 「당신의 집은 얼마나 깨끗합니까?」를 시청하고 온 실험참가자 등에게도 두 프로그램에 대한 선호도를 질문했다.

첫 번째 실험방식에서는, 「백조」가 실패작이고 「당신의 집은 얼마나 깨끗합니까?」가 성공작이었음에도 불구하고 「백조」와 「당신의 집은 얼마나 깨끗합니까?」의 두 프로그램에 대해서 선호도의 차이는 별로 나타나지를 않았다.

그러나 두 번째 실험방법인 SST조사는, 설문에 응답하는 첫 번째 실험방법의 결과와는 다른 양상을 나타냈다. SST조사 결과, 「백조」를 시청할 때 보다 「당신의 집은 얼마나 깨끗합니까?」를 시청할 때 정서적으로 더욱 깊게 빠져드는 것을 알 수 있었다. 설문자에 의한 반응은 두 프로그램의 흥행 결과와는 다른 답을 보여주지만, SST조사에서는 두 프로그램이 보여준 시청자들에 의한 흥행 결과와 동일한 답을 제시하였다.

서면 응답에서는 실험참가자들이 「퀴즈매니아」를 싫어하는 것으로 나타났다. 대부분 실험참가자들은 이 프로그램을 몹시 부정적으로 보고 있다. 즉 다른 어떤 프로그램도 다 보겠으나 「퀴즈매니아」 만큼은 도저히 봐줄 수 없다고 했다. 그런데 SST검사에서는 이 프로그램을 좋아하는 것으로 나타났다. 말은 싫어한다고 표현했지만 그 사람의 뇌는 긍정적 감정을 보였다. 이 같은 실험결과는, 사람들이 말하는 것과 그들이 가슴속에서 느끼고 있는 감정과는 정반대의 결과를 가져올 때도 종종 있다는 사실을 말해주는 것이다.

# 제2부

# 성격 및 체질과 뇌 화학물질 그리고 구매결정 행위

# 제4장 성격유형과 상품선호

성격에 대한 연구는 심리학의 관심분야이다. 이 연구는 인간을 좀 더 합리적이고 과학적으로 이해함으로서 심리학의 과학화를 이루고 인간의 삶을 더 만족스럽게 하기 위해서이다. 따라서 성격연구는 그 본질이 인간의 다양성과 복잡성을 연구하는데 있다.

Jung은 자신의 인간관계에 대한 경험을 바탕으로 20여년에 걸친 연구를 통해 심리학적 유형을 만들었고 이를 바탕으로 3대에 걸쳐 개발된 성격유형 탐색도구인 MBTI가 만들어졌다.

이 같은 성격론은 일찍이 1894년 사상의학으로서 이제마에 의해 발표된 바 있다. 사상의학론은 사람의 기질과 성격의 차이에 따라 사람의 체질을 4가지로 나누고 있다.

최근 f-MRI 등 첨단 뇌 스캔장비가 발전되면서 경제학, 경영학 그리고 심리학 등이 새로운 분야에 관심을 갖게 됐다.

최근 한스-게오르크 호이젤(Hans-Georg Häusel) 등에 의한 기질심리학적 성격분류나 에릭알 브레이버만(Eric R. Braverman)에 의한 성격분류 등은 뇌과학적 성격유형론으로서 인간의 성격을 과학적 방법에 의해 접근하고 있다.

제5장에서는 한스-게오르크 호이젤의 성격분류에 대하여 그의 연구를 중심으로 살펴보고자 한다.

## 1. Limbic Map

### 1) 뇌 속의 구매동기

소비자는 왜 그 상품을 구매하는지, 소비자의 마음을 움직이는 것은 무엇인지?

이것을 알기 위해서는 소비자의 뇌 속을 들여다 보아야 한다. 소비자의 뇌 속에는 동기 시스템과 감정 시스템이 존재한다.

뇌 과학자들은 감정을 강조하려 하고 심리학자들은 동기를 강조하려 하지만, 이 둘은 서로 거의 유사한 개념이다.

뇌 과학자들은, 감정의 배후에 어떤 목표가 있다는 것을 알았고, 목표는 동기를 갖게 하는 중요한 요소라고 생각했다.

모든 감정 및 감정시스템의 중심부에는 생리적 생명유지욕구가 자리 잡고 있다.

이 같은 욕구는 음식, 수면 그리고 호흡과 같은 것을 의미하는데, 이는 변화가 불가능한 성격을 갖고 있다. 그리고 삶 전제를 규정하는 중요한 세 가지 동기 및 감정시스템인 균형시스템, 지배시스템 그리고 자극시스템이 인간의 행위를 결정짓는 중요시스템의 역할을 하고 있다. 또한 인간이 시간을 통해 진화하면서, 위의 세 가지 시스템에 의해 새로운 모듈들이 만들어졌다. 이러한 모듈들은 인간이 환경에 더욱 효과적으로 적응할 수 있도록 만들어졌다.

결합모듈, 보살핌모듈, 유희모듈, 사냥 및 포획모듈, 싸움질모듈, 식욕 및 구토모듈, 성욕모듈이 바로 그것이다.

## 2) 균형시스템

- 균형시스템에서는 다음과 같은 것을 명령한다.
- 모든 위험과 변화를 피하라.
- 안정된 습관을 만들어 그것을 오랫동안 유지하라.
- 모든 장애물과 불확실성을 피하라.
- 내외의 안정성을 추구하며 에너지소비의 최적화를 추구하라.

균형시스템에서는 다음과 같은 모듈이 존재한다.

### 가) 결합모듈

일차목적은 자손보호이다. 아기가 엄마와 오랫동안 떨어져 있게 되면 아기는 심각한 불안감을 느끼고 공황상태까지 빠지게 되어 격한 울음을 통해 엄마를 찾으려 한다. 이것이 결합모듈이며, 파트너와 가족 혹은 그룹이 중요한 것도 이와 같은 이유 때문이다.

중요한 뇌 중추로는, 복잡한 관계 관리를 담당하는 외배측전전두피질과 "너와나"의 관계에 깊이 관계하고 있는 변연계의 일부인 전방대상피질, 편도, 시상하부, 뇌간이 있다.

이와 관련된 화학물질은 옥시토신, 프로락틴, 감마아미노산, 코르티졸을 들 수 있다.

### 나) 보살핌 모듈

이 모듈은 결합모듈과 자매간이라 할 수 있다. 이 모듈도 일차적으로 자손보호를 위해 발달된 모듈이다. 특히 어머니에게 이중 안전망을 마련해주는 역할을 한다.

중요 뇌 중추는, 전방대상피질과 중변연(mesolimbic)이다.

관련 화학물질은 에스트로겐과 같은 성호르몬과 프로락틴, 옥시토신이다.

### 3) 자극시스템

#### 가) 유희모듈

특히 어린아이에게 활성화 되어있다. 도파민이 중요한 역할을 한다. 뇌 속에서는 간뇌(Inter brain) 와 다발옆핵(parafascicular nucleus)이 유희충돌을 유발하는 역할을 한다.

도파민 이외에 쾌감을 체험할 때 아편성분이 함유된 물질인 오피오드(opiode)와 같은 화학물질도 함께 활성화된다. 또한 아세틸콜린은 경험을 통해 신속한 학습이 이루어지도록 한다.

### 4) 지배시스템

이 시스템에서는 다음과 같은 것들을 명령한다.

- 뜻을 관철하고 성공을 위해 최선을 다하라.
- 경쟁에서 승자가 되고 권력을 키워라.
- 영역을 확장하고 자율성을 유지하라.
- 능동적으로 행동하라.

#### 가) 사냥 및 포획모듈

이 모듈은 자극시스템과 지배시스템 사이에 있으며 유희와 공격요소를 갖고 있다. 도파민과 테스토스테론이 가장 중요한 화학물질이다.

### 나) 싸움질모듈

중요 뇌 영역으로는 다발옆핵과 후핵(posterior nucleus)이다. 화학물질로는 도파민, 테스토스테론, 노르아드레날린, 아세틸콜린, 오포이드 등이다.

### 다) 성욕모듈

종의 번식이라는 목표를 달성하기 위해 이 시스템을 활용한다.

### 라) 식품 및 구토모듈

생존에 매우 중요한 역할을 한다. 식욕과 구토는 정반대로 작용한다. 시상하부의 특수한 부위와 대상피질, 안와전두피질(orbitofrontal cortex), 대뇌전두옆 바로 아래 있는 인슐라(Insula 뇌섬옆)가 중요 영역이다.

## 5) Limbic Map

소비자의 뇌 속에는 지배시스템, 균형시스템 그리고 자극시스템이 존재한다. 그리고 이 세 시스템의 하부에 결합모듈, 보살핌모듈, 유희모듈, 사냥 및 포획모듈, 싸움질모듈, 식욕 및 구토모듈 그리고 성욕모듈이 있다.

그리고 세 개의 시스템과 하부모듈 사이에 수많은 감성들이 위치하게 된다.

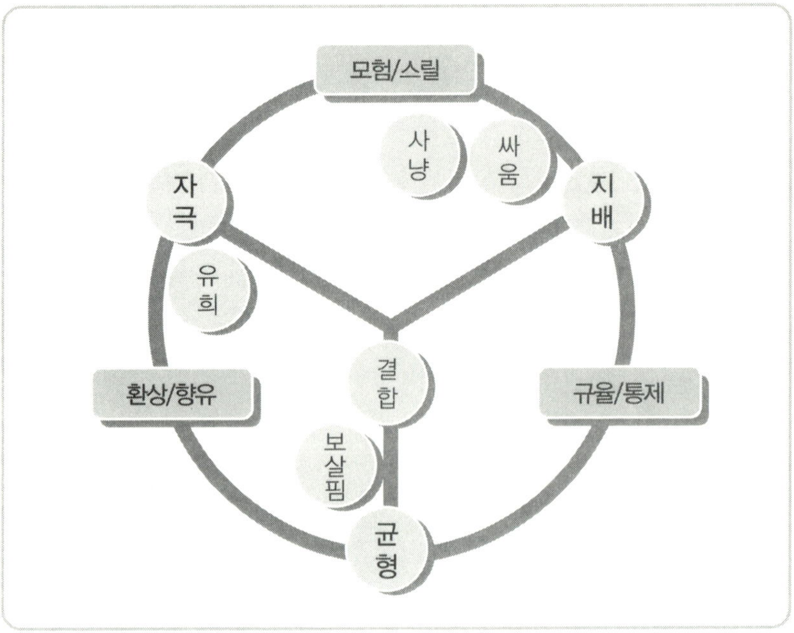


〈그림 4-1〉 Limbic Map

## 2. 7가지 소비자 유형

모든 소비자들의 상품선호는 동일하지 않다. 소비자들에 따라서 제각기 선호하는 색상과 디자인 등이 존재한다. 그 이유는 어디에서 오는 것일까? 뇌 속의 자극, 균형 및 지배시스템이 사람에 따라서 각기 다르게 조직되어 있기 때문이다. 이 같은 뇌 속의 동기 및 감정시스템의 개인별 차이는 그 사람의 특성을 나타내주는 성격의 다양성을 만들게 된다.

우리가 살고 있는 사회 속에는 다양한 유형의 인간들이 존재하는데, 그들 모두는 제각기 다른 기질을 갖고 있다. 그리고 그 기질은 장기간에 걸쳐 비교적 일정하게 유지되는 성격적인 특징이 존재한다.

성격을 구성하는 핵심요소는 바로 동기 및 감정시스템이다. 그리고 이 시스템의 하위모듈이 성격을 구성하는 핵심요소이다. 그러므로 동기 및 감정시스템의 혼합정도와 강도에 따라 개인적인 차이가 발생하게 되는데, 이 같은 차이는 몇 가지 형태로 나타나게 된다. 이것이 성격유형이다.

행동유전학에서는 성격의 약 50%는 선천적으로 결정되고, 나머지 50%는 후천적으로 형성된다고 한다. 성격 변화가 일어날 수 있는 가장 결정적 시기는 유년기와 청소년기이다. 일단 성인이 되고난 후에는 근본적인 성격 변화는 거의 발생치 않는다.

그렇기 때문에 성인들은 살아가면서 엄청난 운명의 시련을 겪지 않는 한 성격은 변화하지 않게 된다. 따라서 성격과 동기 및 감정시스템의 혼합양상이 유사한 사람들을 집단으로 묶어, 이들 집단들에 대한 소비행위를 면밀히 분석할 필요가 있다.

님펜부르크 연구팀은 Limbic과 광범위한 연구를 기초로, 공신력이 높은 소비자 성격 테스트 즉 Limbic스캔을 개발해냈다. 그리하여 6만 명이 넘는 소비자들의 세부적인 소비태도와 각종 매체에 대한 태도를 뇌 연구와 Limbic의 관점에서 연구하여 새로운 Limbic Types를 개발해 냈다. 각 유형별 성향과 구매특징을 살펴보면, 다음과 같다.

### 1) 전통주의자

전통주의자의 외부에는, 신경전달물질인 노르아드레날린과 코르티솔의 농도가 약간 높은 반면 감마아미노산 즉 GABA의 농도는 낮다. 그리고 우뇌가 조금 더 활성화 되었다. 이에 따라, 전통주의자는 모든 것을 꼼꼼히 점검하고 오랫동안 세부적인 것에 매달린다. 이는 노르아드레날린이기때문이기도 한데, 노르아드레날린은 대뇌에 있는 신경세포 네트워크를 한 가지 선호해 관심을 집중시켜 부차적인 정보를 모두 소외 시 하게 된다.

전통주의자는 균형시스템이 주도권을 지고 있기 때문에, 다소 불안하고 조심스러우며, 새로운 것에 대해 개방적인 태도를 취하지 않으려 한다.

전통주의자는 구매결정시 안정감과 신뢰감 그리고 품질에 대한 믿음이 매우 큰 비중을 차지한다.

전통주의자는 전형적인 단골고객유형으로서 소비 및 구매습관이 잘 변화되지 않는다. 이들은 일반 대중적 취향과 일반적인 상식을 기반으로 구매활동에 임한다. 전통주의자에게 브랜드는, 불안하고 조심스러운 마음을 지워줄 수 있는 안정성과 신뢰성을 의미한다. 기본적으로 불안과 조심스러움을 앉고 있기 때문에 절약정신이 몸에 배어있고, 그래서 이들에게는 조언자가 필요하다.

전통주의자들은 고향에서 생산되는 토속 상품을 선호하고, 잦은 병원 방문과 건강문제에 높은 관심을 갖고 있다.

### 2) 조화론자

조화론자 역시 균형시스템이 주도권을 갖고 있다. 따라서 전통주의자가 갖고 있지 않은 특징들을 조화론자도 갖고 있다.

그러나 조화론자의 뇌 속에는 사회적인 모듈인 “결합”과 “보살핌” 모듈이 특히 강하게 활성화되어 있다. 그리고 애정호르몬인 옥시토신의 농도가 훨씬 더 강한 것이 전통주의자와의 차이점이다. 조화론자도 전통주의자와 마찬가지로 불안하고 조심스러우나 타인에 대해 좀 더 개방적인 태도를 갖고 있다. 특히 아늑함과 조화로움이 넘치는 가정을 소중히 여긴다. 여성 조화론자는 정원, 고향, 부엌, 애완동물과 관련된 상품에 특별한 관심을 갖고 있다.

### 3) 향유자

전통주의자는 우뇌가 조금 더 활성화되어 있지만, 향유자는 양쪽 뇌가 동등하게 활성화되어 있다. 도파민은 주로 좌뇌에서 그리고 균형시스템과 관련된 신경전달물질은 우뇌에서 좀 더 강하게 활성화 된다. 전통주의자들이 불안하고 염세적인 태도를 보이는 특징을 갖는데 반해, 향유자들은 개방적이고 긍정적인 생활방식을 갖고 있다. 작은 사치와 약간의 방종을 즐기는 것이 향유자의 특징이다.

향유자들은 쇼핑을 좋아하고 체험적 브랜드 성격을 선호한다. 그들은 높은 만족감을 제공할 수 있고 환상을 자극할 수 있는 상품을 선호한다. 또한 새로운 사람들을 만날 수 있는 기회나 이벤트를 좋아하지만 가족과 함께하는 체험도 선호한다. 돈은 그리 크게 중요한 것이 아니나 최소의 내용으로 최대의 즐거움을 얻고자 한다. 우뇌에서 발달된 균형시스템과 관련된 신경전달물질의 영향으로 상품의 자연스러움을 매우 중요시하게 생각한다. 건강에 대해서는 낙관적인 사고를 갖고 있다. 향유자에게는 고강도의 쾌적함을 줄 수 있는 웰니스 상품을 선호한다.

### 4) 향락주의자

향락주의자의 뇌 속에는 자극시스템과 도파민이 주도권을 갖고 있다. 그리고 좌뇌가 우선적으로 사용된다. 좌뇌는 무엇인가를 세밀하고 면밀하게 심사숙고하기 위해 사용되는 것이 아닌, 학습된 규칙을 기억에서 끄집어내어 새로움에 연결시키는 목적을 위해 주로 사용된다.

향락주의자는 항상 새로운 것을 추구하고 다른 무언가의 보상을 찾고자 한다.

알콜 중독이나 마약중독에 빠진 사람들 중 제일 많은 사람들이 이 유형에 속한다. 향락주의자는 시끌시끌하고 남의 눈에 쉽게 띄고 개인적이고 독특한 것을 좋아한다.

그렇기 때문에 상품의 품질과 원산지는 그리 중요한 것이 아니다. 향락주의자들은 전형적인 얼리어답터(Early Adopter)로서 유행과 신상품에 제일 먼저 그리고 가장 큰 관심을 갖고 있다. 그들의 유행에 대한 지대한 관심은 음식에 있어서도 마찬가지이다. 향락주의자는 이국적인 음식, 새로운 음식에 큰 관심을 갖고 있다.

상품구매 장소는 그리 크게 중요하지 않다. 상품구매를 위한 조언도 별로 필요치 않다.

이들에게 건강문제는 아주 경미하게 취급된다. 유행과 화장품에 특히 큰 관심을 갖고 있다.

### 5) 모험가

모험가의 뇌에는 정말 도파민이 넘쳐난다. 그리고 여기에 남성 호르몬인 테스토스테론이 상당량 추가되어 있다. 모험가는 좌뇌가 크게 활성화되어 있다. 향락주의자들이 향락 그 자체를 좋아하는 것에 비해, 모험가들은 향락에 도전과 모험적 요소를 가미시킨다. 자신의 의지를 관철하고 자신의 능력을 입증하려함에 있어 무언가를 체험할 수 있는 과정을 거치는 것이 모험가이다. 모험가는 상품의 품질은 그리 중요한 것이 아니다. 그들은 가시적으로 드러난 탁월한 성능과 즐거움이 중요하다. 이들은 상품의 구매 장소도 중요치 않고 조언도 필요치 않다. 이들은 반드시 알아야 할 내용들은 이미 인터넷을 통해 오래전부터 알아둔 상태이다. 건강문제에는 전혀 관심이 없고 위험성에 대한 의식이 전혀 없기 때문에 흔히 육체적 한계에 도전하곤 하므로 자신의 몸을 세밀히 보살피는 편은 아니다. 모험가들이 구매하는 상품은 자유를 줄 수 있거나 성능이 향상되어진 것이어야 한다. 그리고 이들은 떠들썩한 할인행사를 무척 좋아한다.

### 6) 실행가

실행가의 뇌 속에는 테스토스테론이 주도권을 쥐고 있고 좌뇌가 좀 더 상대적으로 활성화되어 있다. 그러나 도파민은 결핍되어 있다.

실행가들은 눈에 포착된 목표물에 대하여는 완강하고 집요하게 추적한다. 실행가들은 좌뇌에서, 기억 속에 저장된 정보들을 신속하고 정확하게 끄집어내 사용한다.

이들은 영특함을 상징하거나 최고권위의 의미를 갖고 있는 구매 장소와 상품을 매우 중요하게 생각한다. 실행가들은 타인들 앞에서 자기 자신이 가장 우수한 존재이며 가장 위대한 존재라는 것을 보여주고 싶어한다.

그들은 값비싼 상품을 좋아한다. 그 상품의 성능과 품질 때문이 아니라 다른 사람들 앞에서 특정 상품을 구실삼아 자신의 목표를 달성하려 하기 때문이다.

실행가들은 탁월한 성능, 뛰어난 기술 그리고 높은 지위를 보장해주는 상품을 구매한다.

고가의 손목시계가 그 대표적인 예이다. 이들은 고전적이고 기능적인 면을 추구하는 스타일이다. 남의 눈에 띄는 상품은 최고급으로, 그리고 남의 눈에 잘 띄지 않는 상품은 할인점을 찾는다. 이들은 높은 권위나 지위의 의미를 함유한 상품의 경우에는 가격에 별로 신경을 쓰지 않는다.

### 7) 규율숭배자

규율숭배자는 다소간 염세적인 성향을 갖는 우뇌가 주도권을 갖고 있다. 우뇌는 불확실성이 닥쳤을 때 또는 새로운 질서를 세워야 할 필요를 느낄 때 강하게 활성화 된다. 이들의 뇌 속에서는 도파민을 거의 찾아볼 수 없다. 이들은 도파민 유형인 향락주의자와 정반대에 위치해 있다. 향락주의자들이 낙관적 사고방식으로 쾌락과 기분전환을 추구한다면, 규율숭배자들은 염세적이고 의구심에 찬 눈으로 세상을 바라본다. 규율숭배자들은 꼭 필요한 상품만을 구입한다. 순수하게 기능을 위주로 구매한다. 이들은, 세상이 안전하고 통제가 가능한 것이어야 한다고 생각하므로 예기치 않은 놀라움을 매우 싫어한다. 그래서 이들은 상품의 품질보증을 무척 중요하게 생각한다. 규율숭배자들은 상품가격을 면밀히 비교하는 습성이 있기 때문에 구매결정시 까지 매우 긴 시간이 소요된다.

규율숭배자, 전통주의자, 실행가들은 모두 상품테스트 결과에 큰 관심을 갖고 있다. 이 세 가지 유형들은 객관적인 척도를 중요하게 생각한다. 규율숭배자들은 최신 유행에는 전혀 관심이 없다. 이들은 오직 상품의 기능에만 관심을 기울인다. 이들은 확실하게 알고 있는 몇몇 매장만을 방문한다. 그리고 이들은 무엇이든 필요치 않은 상품을 구입치 않는다. 이들은 절약을 미덕으로 생각한다.

## 3. 독일의 성격유형별 분포현황과 세계적 분포양상

위에서 언급한 일곱 가지 성격유형은 다분히 자의적이라 할 수 있다. 인간의 성격유형이 처음부터 일곱 가지로 정해져 있는 것은 아니라고 했다. 성인이 된 이후에는 성격유형이 안정적이라 할 수 있지만 그 이전에는 안정적이라고 만은 할 수 없다. 그래서 이 같은 변동의 가능성을 최소한으로 하기 위해 일곱 가지 성격유형을 그보다 적은 2가지나 4가지로 나눌 수 있다. 즉 규율숭배자, 조화론자, 전통주의자를 하나로 묶어 “보수파”라 하고, 향유자, 향락주의자, 모험가, 실행가를 한데 묶어 “현대파”라고 할 수도 있다. 또한 성격유형을 “사회형”, “개방형”, “야심형”, “전통형”의 네 가지 유형으로 나누는 것도 가능하다.

### 1) 독일의 성격유형별 분포현황

- 조화론자(32%)
- 전통주의자(24%)
- 향유자(13%)
- 향락주의자(11%)
- 규율숭배자(10%)
- 실행가(6%)
- 모험가(3%)

### 2) 일곱 가지 성격유형의 세계적 분포양상

독일어를 사용하는 독일의 이웃나라인 오스트리아와 스위스는 독일과 큰 차이가 없다. 오스트리아와 스위스에서는 규율숭배자의 비율이 독일보다 3-4% 정도 적다. 그리고 오스트리아에서는 향유자와 향락주의자 비율이 독일보다 조금 많고, 스위스에서는 조화론자와 모험가가 조금 더 많다. 미국인은 독일인보다 실행가와 모험가가 조금 더 많다. 반면 조화론자는 독일보다 적다. 일본의 구조는 상당히 유사하다. 그리고 중국은, 실행가와 전통주의자가 독일보다 약 5%정도 더 많다. 반면 향락주의자와 향유자는 조금 더 적다. 한국에 대한 데이터는 아직 없다.

## 4. 성격유형과 상품선택

특정상품에 대한 관심도는 성격유형에 따라 다르게 된다. 따라서 대표적으로 여덟 가지 상품에 대한 성격유형별 선호도를 살펴보고자 한다. 상품선호도는 특정상품에 대한 성격유형별 관심도와 전체 실험대상자 중 각 유형의 비중을 고려하여 인덱스 지수로 측정하였다. 인덱스 지수의 평균은 100이다.

### 1) 선호상품

#### 가) 스포츠용품

도파민은 도전과 모험, 체험, 새로운 것에 대한 흥미, 활동적인 것에 대한 추구 등을 야기하는 뇌 화학물질(신경전달물질)이다. 현저한 운동장애를 갖고 있는 파킨슨 환자들은 뇌 속 운동중추에 도파민이 결핍되어 있다. 모험가들은 도파민과 테스토스테론이 풍부하다. 도파민은 새로운 도전과 모험을 위해 활동적인 것들이 동원되고, 테스토스테론은 남성 특유의 경쟁, 전투호르몬이기도 하다.

실행가와 향락주의자들 또한 스포츠용품에 높은 관심을 갖고 있다. 실행가는 자신의 강인함을 스포츠를 통해 증명하려 한다. 이에 비해 향락주의자는 스포츠 활동을 통해 즐거움을 얻고 스포츠가 지닌 운동 및 오락에 대한 가치를 매우 중요하게 생각한다. 이에 비해 조화론자는 스포츠용품을 제일 싫어한다. 스포츠는 대부분 전투적 요소를 포함하고 있기 때문이다.

인덱스지수가 가장 높은 성격을 유형별로 분류하면 다음과 같다. ( )안은 인덱스지수이다.

- 실행가(168)
- 모험가(147)
- 향락주의자(123)
- 향유자(104)
- 전통주의자(100)
- 조화론자(79)
- 규율숭배자(68)

### 나) 의상패션

의상패션은 생물학적으로 성적 대상을 유혹하기 위한 수단 중의 하나로서 이용되기도 하고 타인들의 눈에 띄고 싶은 욕구에 의해 구매되어진다.

의상패션의 감정적 동인은 성욕과 자극시스템이다. 최고의 패션광은 도파민의 조종을 받는 향락주의자들이고, 가장 혐오하는 성격유형은 금욕적인 규율숭배자들이다.

- 향락주의자(177)
- 모험가(248)
- 향유자(117)
- 실행가(115)
- 조화론자(99)
- 전통주의자(69)
- 규율숭배자(52)

다) 정원용품

정원은 안락함과 신선한 공기를 제공하며 본인만의 작은 세계를 만들 수 있는 곳이다.

따라서 규율숭배자와 조화론자 및 전통주의자들에게 정원은 그들이 바라는 이상향이라 할 수 있다. 따라서 이들은 정원용품 구매에 지갑을 기꺼이 연다. 그렇다고 해서 검소한 생활을 기본으로 하는 규율숭배자들이나 전통주의자들이 무턱대고 화폐지출을 하지는 않는다.

- 규율숭배자(132)
- 조화론자(120)
- 전통주의자(110)
- 향유자(101)
- 실행가(93)
- 모험가(87)

- 향락주의자(62)

### 2) 품질기대치(전자오락게임기)

품질에 대한 소비자들의 의식은 소비자 본인의 상품 관심도와 선호도에 의해 좌우된다.

소비자의 관심을 끌지 못하는 상품은 품질에 대한 기대도 별로 크지 않다. 그래서 전자오락게임기와 식료품에 대한 소비자들의 품질기대치를 조사했다.

#### 가) 전자오락게임기

기술과 자극을 동인으로 하는 이 상품은 향락주의자, 모험가, 실행가의 관심을 받는다.

- 모험가(255)
- 향락주의자(173)
- 실행가(165)
- 향유자(126)
- 규율숭배자 및 전통주의자(79)
- 조화론자(57)

#### 나) 식료품

충동적인 모험가들은 식료품에 거의 무관심하다. 그들은 아무것이든 배를 채울 거리만 있으면 된다. 조화론자들은 기술에는 무관심하지만 질적으로 우수한 음식에는 큰 관심을 갖는다.

- 향유자(121)

- 실행가(117)
- 조화론자(110)
- 향락주의자(93)
- 전통주의자(83)
- 규율숭배자(80)
- 모험가(40)

### 3) 사치품에 대한 선호 인덱스와 월수입

#### 가) 선호인덱스

실행가들은 지배시스템을 동인으로 하는 지위나 권력의 측면이 가장 중요하다. 향락주의자들은 자극시스템을 동인으로 하는 개인적인 특성이 강조된다. 이에 비해 규율숭배자와 전통주의자 그리고 일부 조화론자들은 절약과 검소한 소비가 밑바탕에 깔려 있다.

- 향락주의자(174)
- 실행가(164)
- 모험가(141)
- 향유자(121)
- 규율숭배자(80)
- 전통주의자(79)
- 조화론자(73)

나) 사치품구입과 월수입(월수입이 2500유로 이상인 사람들의 사치품 구입)

- 실행가(305)
- 전통주의자(110)
- 모험가(105)
- 향락주의자(102)
- 향유자(99)
- 규율숭배자(95)
- 조화론자(56)

## 5. 성격유형별 중국인의 구매행태[33)]

### 1) 설문조사를 위한 기본 통계자료

중국 안휘성의 소비자들을 대상으로 다섯 가지 성격유형별 구매 행태를 조사하기 위하여 총 488명으로부터 설문을 받았다. 구체적 기본자료는 다음과 같다.

- 성별(남 284명, 여 204명)
- 연령(10대;96명, 20대;226명, 30대;102명, 40대 이상;63명)
- 거주지(대도시;146명, 중・소도시;205명, 농촌;133명)
- 기혼여부(미혼;267명, 자녀가 없는 기혼;42명, 어린자녀를 둔 기혼;128명, 장성한 자녀가 있는 기혼;49명)
- 학력(초등 졸;87명, 중・고등 졸;118명, 전문학교졸;174명, 대학

33) 2011년과 2012년 중국 안휘성에서 본 연구를 위해 설문조사, 분석을 실시한 내용임.

졸;97명, 석사 이상;3명)

- 직업(학생;93명, 가정주부;20명, 일반회사원;240명, 공무원;16명, 자영업자;64명, 교직원;12명, 기타;43명)
- 월 소득(위안화) (1,000 이하;121명, 1,000-2,000;106명, 2,000-5,000;209명, 5,000-10,000;29명, 10,000 이상;21명)

연령은 20대가 중심이며 중·소도시에 주로 살고 있고 어린자녀가 있는 기혼자가 가장 많았고, 일반 회사원이 제일 큰 비중을 차지했으며, 월 소득은 2000-5000위안 사이가 제일 많았다.

### 2) 안휘성 전체 소비자들의 소비형태

#### 가) 상품에 대한 정보취득경로

- 인터넷(47.5%)
- TV(21.9%)
- 지인추천(13.9%)
- 신문, 잡지(12.5%)
- 기타(4.1%)

#### 나) 최근 1년 이내 구입한 가장 중요한 상품

- 통신제품(19.2%)
- 의상패션(15.3%)
- 자동차(14%)
- 식료품(13%)

- 가전제품(10.7%)
- 디지털제품(10.5%)

### 다) 구입한 상품의 선택기준

- 성능(1위)
- 품질(2위)
- 서비스(3위)
- 디자인(4위)
- 가격(5위)
- 브랜드(6위)
- 상품광고(7위)

한국과는 다르게 상품광고가 가장 낮은 순위를 기록한 것은, 중국의 환경적 특징 때문이다. 즉 광고를 통해 구매한 실제상품과 광고상품이 동일하지 않은 경우가 많기 때문에 중국인들은 상품광고에 대해 큰 신뢰를 갖고 있지 않다.

### 라) 상품선택을 위한 중요도

- 기능탐색(1위)
- AS정보탐색(2위)
- 작동여부확인(3위)
- 디자인탐색(4위)
- 가격탐색(5위)
- 브랜드탐색(6위)
- 지인의 조언(7위)

마) 앞으로 1년 이내에 구매하고자 하는 상품

- 자동차(40.6%)
- 디지털제품(15.4%)
- 통신제품(12.9%)
- 가전제품(6.1%)
- 명품류(5.9%)
- 의상패션(5.1%)

### 3) 성격유형별 선호상품(1년 이내 구입한 상품)

중국 안휘성의 성격유형별 인구비중을 살펴보면 〈표 4-1〉과 같다.

**표 4-1.** 안휘성의 성격유형별 인구비중 단위 ; %, ( )은 독일점유율

| | 빈도 | 점유율 |
|---|---|---|
| 전통주의자 | 265 | 54.3(24.0) |
| 실행가 | 56 | 11.5( 6.0) |
| 모험가 | 58 | 11.9( 3.0) |
| 향락주의자 | 22 | 4.5(11.0) |
| 조화론자 및 향유자 | 87 | 17.8(45.0) |
| 전체 | 488 | 100 |

전통주의자는 독일의 경우보다 2배 이상 많은 비중을 차지하고 있다. 실행가와 모험가는 독일보다 그 비중이 높고, 향락주의자, 조화론자 및 향유자의 비중은 독일보다 적다.

전통주의자는, 모든 것을 아주 꼼꼼히 점검하고 장시간 세부적인 것에 매달리며, 구매 결정시 안정감과 신뢰감 그리고 품질을 매우 중요

**표 4-2.** 성격유형별 선호상품 단위 ; (%)

| | 향락주의자 | 실행가 | 조화론자 및 향유자 | 전통주의자 | 모험가 |
|---|---|---|---|---|---|
| 핸드폰 | 33.3 | 17.9 | 22.1 | 19.0 | 12.1 |
| 의상패션 | 4.8 | 8.9 | 15.1 | 12.9 | 13.8 |
| 자동차 | 19.0 | 26.8 | 9.3 | 10.3 | 24.2 |
| 식품 | 14.3 | 8.9 | 15.1 | 12.9 | 13.8 |
| 가전제품 | 4.8 | 8.9 | 4.7 | 14.1 | 8.6 |

시한다. 이들은 대중적인 것을 따르며 눈에 띄는 것을 좋아하지 않는 편이다.

중국인의 대표적 성향을 나타내는 특징이다. 이 같은 특징이 전통주의자의 성격적 특성에서 나타나고 중국인들의 절반 이상이 전통주의자성격을 갖고 있음을 잊지 말아야 할 것이다.

반면 실행가와 모험가의 비중은 독일의 약 2배 혹은 3배를 차지하고 있다. 실행가는 자기 자신이 타인보다 우수하고 싶어 하고 다른 사람들보다 높은 지위에 있고 싶어 한다. 따라서 이와 같은 이미지를 암시할 수 있는 상품들을 선호한다. 이들은 자기 과시가 심한편이다.

이 같은 성격 또한 중국인의 특성 중의 하나이다. 중국인들의 소비문화의 특징 중의 하나는 체면중시문화와 과시적 소비행태라 할 수 있다. 그리고 이 같은 행태는 독일보다도 훨씬 그 비중이 큰 것으로 나타났다. 이와 함께 모험가의 비중도 독일보다 훨씬 큰 것으로 나타나 있어, 중국인들이 자기의지를 관철시키고자 하는 과정에 있어서의 체험욕구가 독일인 보다 훨씬 높다는 것을 알 수 있다.

〈표 4-2〉에서 알 수 있듯이, 중국 안휘성 소비자들이 1년 이내에 구입한 상품 중 가장 중요한 상품은 무엇인가에 대한 성격유형별 답

변을 살펴보면 다음과 같다. 조화론자와 향유자는 두 가지 성격을 한데 묶었고 그 비중도 크지 않아서 큰 의미는 부여하지 않았다.

향락주의자는 핸드폰을, 실행가와 모험가는 자동차를 들었다. 중국 안휘성의 성격유형별 인구비중이 중국 전체와 유사하다는 가정을 하고자 한다. 그리고 앞으로는 이와 같은 가정을 모든 경우에 적용시키고자 한다. 이와 같은 가정 하에서, 중국 전체 향락주의자 중 핸드폰이 최근 1년 이내 구입 상품 중 가장 중요한 것으로 생각한 사람들은, 중국 전체 인구를 13억으로 계산했을 때, 전체 향락주의자 5천 9백만 명에서 33.3%인 약 2천만 명이 된다.

한편 최근 1년 이내 구입한 상품 중 자동차를 가장 중요하게 생각한 성격유형은 실행가와 모험가로서, 실행가에 속하는 사람들은 약 4천만 명이었고 모험가에 속하는 사람들은 3천 8백만 명이었다.

결국 1년 이내 구입한 상품 중 핸드폰을 가장 중요한 상품이었다고 답변한 사람들은 향락주의자 이었고 그 숫자는 약 2천명이었다. 그리고 자동차를 가장 중요한 상품이라고 대답한 것은 실행가 약 4천만 명 그리고 모험가 약 3천 8백만 명이었다.

### 4) 성격유형별 선호상품(1년 이내에 구입하고자 하는 상품)

중국 안휘성 소비자들이 앞으로 1년 이내에 가장 구입하고자 하는 상품들에 대한 내용이 〈표 4-3〉에 나타나 있다.

**표 4-3.** 성격유형별 선호상품 단위 ; %

| | 전통주의자 | 실행가 | 모험가 | 향락주의자 |
|---|---|---|---|---|
| 자동차 | 47.2 | 41.1 | 37.9 | 18.2 |
| 통신제품 | 10.2 | 14.3 | 17.2 | 31.6 |

### 가) 전통주의자

중국 안휘성의 전통주의자 인구비율이 중국 전체와 유사하다면, 중국의 전통주의자는 약 7억 1천만 명이 된다. 이 중 앞으로 1년 이내에 자동차 구입을 우선순위에 둔 사람들의 숫자는 무려 3억 3천 5백만 명 이상이 된다. 이들 중 자신들의 바람을 현실로 옮길 수 있는 사람들도 있고, 그렇지 못하는 사람들도 있지만 3억 3천 5백만 명이라는 숫자는 정말로 놀라운 미래 수요를 암시하는 것이다.

대중적인 것을 좋아하고 눈에 띄는 것은 별로 좋아하지 않으며 안정감, 신뢰감 그리고 상품의 품질을 중요시하고 모든 것에 매우 꼼꼼한 성격의 전통주의자들이 앞으로 1년 이내에 자동차를 구입하겠다는 의사를 보인 수요자들의 수가 엄청나다는 것에 대해 어떻게 해석해야 하겠는가?

독일의 경우, 자동차에 대한 관심도를 지수로 나타낸 결과를 살펴보면, 실행가(168), 모험가(147), 향락주의자(123), 향유자(104) 그리고 전통주의자(100)는 평균수준을 보여주었다. 만약 본 설문 내용과 답변이 신뢰성이 있다면, 그 이유는 중국의 급속한 경제성장에서 찾을 수밖에 없다.

80년대 개혁, 개방정책이후 중국은 눈부신 경제성장을 이룩해왔다. 서부방면으로부터 시작된 지역개발전략은 지역 간 불균형 성장이라는, 그리고 계층 간 소득불균형이라는 문제점을 낳았지만, 중국인들의 소득수준을 아주 짧은 시간에 급상승시키는 결과를 가져왔다.

그래서 중국인들은 지역 주변 환경의 급격한 변화와 개개인의 삶의 방식에 대한 급속한 변화를 겪게 되었다. 이와 함께 사회주의의 바탕에 자리 잡고 있는 평등주의 원칙과 체면중시성향 및 과시성향은 자동차라고 하는 하나의 상품에 모든 사람들의 관심사가 집중되었다. 자동차는 부를 과시할 수 있는 수단이며, 자동차 소유를 통해 계층 간 평등주의를 실현할 수 있고 자신의 체면을 유지할 수 있는 좋은 수단으로 작용할 수 있기 문이다.

따라서 한스-게오르크 호이젤이 독일의 자동차 구입에 대한 예를 제시한 내용은 중국에는 적용되기가 힘들다 하겠다. 국가 간의 역사와 국민성의 차이 때문이라 하겠다. 어쨌건 중국에 자동차를 판매한다면, 그 수요가 3억 3천 5백만 명이나 되는 엄청난 것이므로, 중국의 전통주의자에 대한 새롭고 세밀한 성격분석이 선행되어져야만 할 것이라는 것이 본 설문의 결과에서 잘 나타나 있다.

### 나) 모험가와 실행가

독일의 경우에 있어서도 자동차라는 상품에 가장 큰 관심을 갖고 있는 성격유형은 실행가와 모험가로 나타났다. 중국 또한 이들 실행가와 모험가의 자동차 선호 경향은 뚜렷이 나타났고 세계적인 성격유형별 공통사항이라고 말할 수 있다. 그러나 성격유형별 비중에 있어서는 독일의 그것보다는 훨씬 높게 나타났다.

모험가의 성격유형별 인구구조를 살펴보면 중국 안휘성은 11.9%이다. 이에 비해 독일은 3%이다. 이 또한 대조적인 현상이다. 모험가의 경우에도, 앞으로 1년 이내에 가장 구입하고 싶어 하는 상품은 자동차로 집계됐다. 그리고 안휘성의 성격유형별 인구구조가 중국 전체와 유사하다면, 자동차를 구입하고 싶어 하는 모험가의 숫자는 6천 4백만 명 이상이다.

실행가는 중국 안휘성에서 11.5%를 차지하고 있다. 독일은 6%이다.

독일의 약 2배에 달한다. 마찬가지로 중국 안휘성의 성격유형별 인구비중구조가 중국 전체와 유사하다면 중국 전체의 실행가 인구는 1억 5천만 명 정도가 된다. 실행가 역시, 앞으로 1년 이내에 가장 사고 싶어 하는 상품은 자동차였고, 이를 중국 전체 인구로 연장하면 6천 2백만 명이 된다.

### 다) 향락주의자

향락주의자의 구성 비율은 안휘성에서 4.5%이고, 독일은 11%이다. 독일이 중국보다 두 배 이상을 차지하고 있다. 향락주의자의 성격유형별 인구비중이 중국 안휘성과 중국 전체가 유사하다고 가정한다면, 중국 전체의 향락주의자는 5억 9천만 명 정도가 된다. 그리고 1년 이내에 가장 구입하고 싶어 하는 상품은 통신제품으로서, 이를 중국 전체로 연장하면 그 수는 1억 9천만 명이 된다.

### 라) 요약

요약하면, 중국 소비자들이 1년 이내 가장 구입하고 싶어하는 대표적인 상품은 자동차를 들 수 있고 그 다음으로는 통신제품을 들 수 있다. 자동차를 구입하고 싶어 하는 성격유형자로는 전통주의자, 모험가, 실행가 그리고 조화론자 및 향유자이다. 거의 모든 성격유형에 속하는 소비자들이 자동차를 구입하고 싶어 한다는 것이다.

그러나 이중 가장 대표적인 성격유형은 전통주의자이다. 중국 전체의 성격유형별 인구비중 구조가 안휘성과 유사하다는 가정을 한다면, 중국 전체의 전통주의자는 7억 1천만 명 이상이다. 그리고 이들 중 자동차를 구입하고 싶어 하는 인구는 3억 3천 5백만 명 정도가 된다.

따라서 중국에 자동차를 판매하고 싶다면, 중국의 전통주의자에 대한 섬세하고 면밀한 성격분석이 선행되어져야 함을 암시하는 것이라 할 수 있다.

또한 중국 소비자들 중, 위와 같은 1년 이내 가장 구입하고 싶어 하는 상품으로서 통신제품을 선택했다. 이 같은 소비자의 전체 인원은 1천 9백만 명 정도로 예상이 된다. 따라서 중국에 통신제품을 판매하고자 한다면, 중국의 향락주의자에 대한 성격분석이 선행되어져야 할 것이다.

### 5) 기타

연령, 학력, 소득수준에 따라 중국 안휘성 소비자들은 소비행태의 차이가 있고 거주지와는 무관하다는 결론을 얻었다. 이 또한 중국 안휘성 시장분석에서 중요한 하나의 자료가 될 수도 있을 것이다.

또한, 성격유형별로, 학력에 따른 선택의 기준의 차이를 보인 것은 가격, 품질, 디자인, A/S, 상품광고였으며, 월 소득 수준에 따른 선택기준에 차이를 보인 것은 가격, 성능, 품질, 상품광고였다. 성격유형별로, 학력과 월 소득 수준에 따른 선택기준에서 모두 차이를 보인 것은 가격, 품질, 상품광고였고 디자인, A/S, 성능은 학력과 월 소득 수준에 따라 다르게 나타났다.

## 6) 중국의 소비자

### 가) 중국의 전통문화[34)]

중국은 국토 면적이 넓다. 화하(華夏)문명[35)]이 있고 지방색이 그윽한 구역문화도 있다. 중국 전통문화란 중국민족이 역사발전 중에서 나타나는 자민족 특징을 가지는 문화이다. 중국 전통문화는 물질문화와 정신문화로 나눈다.

그 중에 물질문화는 음식, 옷차림, 주택, 생산도구 등을 포함한다. 정신문화는 언어, 문자, 문학, 과학, 예술, 철학, 종교, 풍속, 전통 등을 포함한다.

중국 전통문화는 중화민족의 장기적인 역사발전 과정에서 나타난 산물이고, 중화민족의 윤리도덕, 풍속습관, 문화교육, 인생관, 가치관과 현대이념, 현대과학 기술과 결합한 후에 나타난 결과이다. 그 결과는 세계에서도 영향력을 갖고 있다. 유, 도, 참, 먹, 법, 명, 종횡, 응양 등 각 학설의 전통가치관은 중화민족에 대한 막대한 영향을 미친다. 그 학설의 전통가치관은 중화민족에 대한 막대한 영향을 미친다. 그 학설들이 중화민족의 생활, 생존 및 전신추구의 방면을 구현하고 강력한 국가의식과 권력의식을 포함한다.

중국 전통문화는 윤리를 강조하고 실용성을 중시한다. 사람에 대한 겸손, 좋고 나쁨, 성실함, 신뢰 등을 중요시한다. 중국 민족은 직관적 사고방식으로 문제를 풀어나간다. 어느 쪽으로도 기울거나 치우치지 않고 중용을 탐구한다. 이와 동시에 중국 사람은 모험 심리를 그리 좋

---

34) 광고연구 결과 논문; 논 중국 전통문화 대 소비자 심리적 영향, http://wenku.baidu.com

35) 화하: 중국의 고대 명칭

아하지 않는 편이고 자극적인 문화를 좋아하지 않는다.

### 나) 중국 소비자의 소비특성

① 위험회피문화와 저축

중국은 한국과 다른 사회안전망을 갖고 있다. 한국은, 직장에서 퇴역을 하게 되는 경우이던 개인 사업을 하다가 퇴역을 하는 경우이던 간에 국가의 연금제도에 의해 남아있는 여생을 의존할 수가 있다. 그러나 중국은 이 같은 국가연금제도가 그 기능을 다하지 못하고 있는 실정이다. 따라서 중국인은 노후 계획에 대한 보장이 없어, 자신 스스로가 노후를 해결해야만 한다. 따라서 돈이 있어도 돈을 쓸 수가 없다. 미래 노후를 위해서다. 그렇기 때문에 중국인은 돈에 매우 민감하고 지나치리만큼 집착을 한다. 특히 90년대 이후 사회보장이나 의료 및 교육제도가 개혁되면서 돈에 대한 집착이 강화되었다. 돈의 씀씀이는 커졌는데, 국가의 연금제도와 같은 사회보장제도는 시작은 하였지만 재원이 거의 없는 형편이므로 유명무실한 제도가 되어버린 꼴이 됐다.

따라서 미래에 대한 불확실성 혹은 위험을 회피하려는 중국인 특유의 성향에 비추어 새로운 제도와 미래는 중국인들로 하여금 소비 대신 저축을 늘리는 결과를 가져왔다.

따라서 일반적으로 중국 소비자들은 충동구매를 하는 소비 집단은 극히 일부분에 국한된다.

그러므로 이들은 상품구매 결정시에는 가격, 브랜드, 품질, 디자인 등을 꼼꼼히 살펴보며 계획적인 소비를 하는 습성이 있다. 이러한 특성은 중국시장에 참여하여 성공을 거두기가 힘든 이유 중의 하나가 된다.

몇 년 전 우리나라의 ○마트가 중국시장에 참여하게 되었다. 우리나라의 마트에서는 특히 생선은 비닐로 낱개 포장되어 있었다. 중국에 진출한 우리나라의 ○마트도 한국과 같이 중국에서도 생선 포장을 해 진열하였다. 그러나 이것은 중국 소비자를 잘 모르고 한 결과였다. 중국 소비자들은 생선을 살펴볼 때, 하나하나의 모든 포장을 다 뜯어낸 후 살펴보고 상품선택을 했다. 따라서 두 번째 손님은 포장이 뜯어진 생선을 구매할리 만무하다. 그 뒤 국내 ○마트는 생선 포장을 중국식으로 재 진열하였다.

② 불신문화와 탐문소비

이전에도 언급한 바 있지만, 중국 소비시장에는 광고상품과 실 구매상품이 전혀 다른 상품인 경우가 너무나 많다. 따라서 중국 소비자들은 광고 내용을 그대로 믿지 않는다. 그래서 상품에 대한 정보를 얻기 위해 다른 사람으로 부터의 탐문을 통해 정보를 얻는다. 이 같은 불신문화는 중국내에서 모조품이나 복제품, 저질상품 그리고 허위광고나 과장광고가 없어지지 않는 한, 중국인 특유의 불확실성이나 위험을 회피하려는 속성과 맞물려 탐문소비성향은 지속되어질 수밖에 없다.

③ 체면중시문화

중국인들은 자신의 체면을 매우 중요시한다. 남에게 자신이 어떻게 보여 지느냐 하는 것이 매우 중요하므로 자신의 체면을 위해서는 과소비도 마다하지 않는다. 이 같은 특성은 손님을 위한 식탁에서도 나타난다. 중국은 손님을 초대할 때 그야말로 상다리가 부러지도록 차린다. 손님은 차린 음식이 너무 많아 이 음식을 다 먹을 수도 없지만 다 먹어서도 안 된다. 차린 음식을 다 먹어치워 버리는 것은, 주인에게 "차린 음식이 너무 없어서 남길 것도 없다. 손님대접이 뭐 이렇게 소홀한가? 이정도 밖에 능력이 안 되는 것인가?" 하는 말과 같다. 이것은 주인의 체면이 땅에 떨어지는 결과이다.

그래서 손님은 차린 음식의 일부분만을 먹는다. 너무 차린 것이 많아서 도저히 못 먹겠다는 의사를 주인에게 보임으로서 주인의 체면을 높게 해주는 것이다. 주인은 자신의 체면을 위해 많은 돈을 들여 엄청난 음식을 준비하는 것이다. 이렇듯 중국인은 자신의 체면이 중요하므로 과소비를 하게 되는 경우가 허다하고 과시적 소비로까지 이어진다. 그래서 중국에는 명품족도 많다. 이들은 자신을 소자(小資) 즉 작은 자본가 계층이라 하며 갑자기 부자가 된 졸부와는 질적으로 다르다고 주장한다.

사회주의 체제를 갖고 있는 중국은 절대적 평등주의가 바닥에 깔려있다. 그래서 이웃이 자동차를 구입하는 경우, 나도 빚을 내고서라도 자동차를 사고 싶어 한다.

이 같은 특성이 사회의 바닥에 깔려있는 평등주의 때문이다.

그리고 이웃이 자동차를 샀을 때 자기 자신이 자동차를 사지 못하면 체면이 손상되는 결과를 가져오기 때문이다. 그리고 일부 고 소득의 부자 계층은 자신이 보통사람들과 다르다는 것을 보여줌으로서 자신의 체면을 세우고자 한다. 그래서 고가의 특정상품의 소비를 통해 자신의 사회적 신분과 지위를 과시하려는 과시적 소비성향이 나타난다. 특히 항시 갖고 다니는 핸드폰은 남에게 항상 보여 지는 것이므로 아주 고가인 상품을 주저 없이 구매한다. 결론적으로, 중국인은 사회평등주의에 입각해 모든 사람들의 소비에 있어서도 평등해지려는 특성을 갖는 반면, 일부계층은 평등을 거부하고 자신들만의 지위와 신분을 과시하려는 반 평등 소비의 형태를 나타낸다.

④ 명품, 외제품선호성향

5,6년 전 중국을 방문했다. 중국에 살고 있는 한국인 친구를 만나기 위해서이다. 그 친구와의 대화에서, 중국인들의 현대자동차에 대한 생각을 알 수 있었다. 돈이 조금 있는 사람들이면 현대자동차를 사려고 한다는 것이었다. 현대자동차는 중국에서 어느 정도의 성공이나 부의 축적을 암시하는 고가의 상품으로 자리하고 있었다. 중국 사람들은 질 좋은 외제상품들을 선호한다. 따라서 가격은 크게 개의치 않는다. 부를 축적한 부유층들은 샤넬, 구찌 같은 외국산 명품들을 매우 선호한다. 중국시장은 한국제품을 비롯해, 수많은 외국산 상품들이 넘쳐나고 있다. 중국인들이 외국 제품을 좋아하기 때문이다.

특히 80년대 개혁, 개방 정책의 시행이후에 더욱 외국산 상품들을 쉽게 접할 수 있었고, 경제성장과 더불어 주민소득이 증가됨에 따라 더욱 고가의 외국상품들이 중국시장에 넘쳐나고 있다. 이에 따라 명품시장은 날로 그 규모가 커져가고 있어 명품 생산국들이 가장 주시하는 시장으로서 중국을 지켜보는 이유가 여기에 있다. 중국의 2004년 명품시장 규모는 약 60억 달러로 일본, 미국에 이어 세계 3위에 올라있다. 머지않아 세계 1위의 자리까지도 차지할 가능성이 있다.

한편 중국사회는 사회계층간의 질서를 중시하는 전통적 가치와 지식을 존중하는 현대가치가 어우러져 있다. 전통적 가치와 현대적 가치의 혼재 속에서, 중국 사람들은 지성이 없고 인생철학이 부족한 벼락부자들에게는 경의를 표하지 않는다. 그들이 졸부가 된 것에 대해 계층 간 위화감은 잘 느끼지 않지만 지성이 없는 부에 대해서는 경의를 표하지 않는 것이다. 이 과정에서 우리나라와 조금 다른 차이점은, 주위의 누가 졸부가 되어 나와는 다른 계층으로 상향 이동했을 때 한국 사람들은 위화감을 느끼고 그들에 대해 부정적인 자세를 취하는 것에 비해 중국 사람들은 그들의 새로운 부를 있는 그대로 인정하는 태도를 보인다. 다만 경의를 표하지 않을 뿐이다. 그래서 엄청난 부를 축적했음에도 그 지위는 여전히 낮은 수준에 머물러 있다. 그래서 이러한 벼락부자들은 주위사람들로부터 좋은 평판을 얻어 존경을 받기를 원한다. 그들은 많은 돈을 그들의 목적을 위해 사용하려 한다. 그리고 그들은 엄청난 고가의 상품구입을 통해 주위사람들로부터의 평가를 높이고 자신의 체면을 높이려 한다.

### 다) 중국소비의 신조류 80후(後)

"80후(後)" 세대는 중국이 1978년 개혁개방 정책 실시 후 1980년대(1980-1989)에 태어난 세대를 지칭하는 말이다.[36] 백도백과(百度百科)에 의하면 "80후(後)"라는 개념은 1979년에 중국이 산아제한정책을 실시한 다음에 출생한 첫 번째 세대를 지칭한다. 실제로 이 개념이 대중에게 알려지고 대중문화의 관심사 중 하나로 떠오른 계기는 소년작가 공소병(恭小兵, 2004)이 이 말을 사용하면서부터 시작이다.

중국학자 田豊의 연구에서 "80후(後)"세대는 1980년대에 태어난 '천년시대'를 의미할 뿐만 아니라 선명한 시대적 특징을 가지고 있는 '특

36) "중국소비시장, '80'세대 그들을 잡아라!" 이영준, 청도무역관, 2007.9.3.960

수한 세대'라고 지적하며 이 세대는 단순한 '연령집단'을 의미하는 개념보다 중국의 개혁개방에 따른 행위규범, 생활방식, 가치관의 큰 변화를 거쳐 자란 '사회집단'으로 간주해야 한다고 주장하였다. 그래서 그는 "80후(後)"세대가 가진 독특한 특징을 3가지로 분류하였다.

첫째, "80후(後)"세대는 개혁개방에 따른 사회의 변혁시기에 서양문화와 서구식 생활방식의 폭넓은 영향을 받았다. 둘째, 1990년대 중반 이후 중국의 시장 경제개혁이 심화됨에 따라 그들은 경쟁과 이익추구의 사회 분위기를 겪었다. 셋째, 개혁개방이후 생활수준이 향상됨에 따라 그들은 생활상의 역경이나 좌절이 거의 없었다. "80후(後)"세대의 독특한 시장 배경으로 전혀 다른 가치관을 가지고 있는 그들은 향후 수년 중국소비시장의 주역이 될 것이다.

# 제5장 뇌 화학물질 그리고 인간의 체질

인간의 성격유형이나 체질분류에는 다양한 방법이 있다.

본 장에서는 인간의 뇌 속에 존재하는 뇌 화학물질의 구성비에 따라 인간의 체질이 네 가지 혹은 여덟 가지로 상이하게 나타난다는 Eric R. Braverman의 연구내용을 중심으로 살펴보고자 한다.

# 1. 뇌와 뇌 화학물질

## 1) 뇌의 기능

### 가) 뇌와 전기

인간의 모든 신체기관은 뇌를 제외하고는 대체와 조정이 가능하다. 어떤 경우에는 동물들의 기능이 인간보다 더 나은 경우도 있다. 동물들은 신체의 일부가 훼손되어도 다시금 자연스럽게 복구가 된다. 심지어 치아의 경우, 훼손되더라도 원상복구가 가능하며 그 횟수는 여러 번에 걸쳐서 가능하다. 인간이 다른 동물들에 비해 유일하게 우월한 부분은 뇌이다. 인간의 신체에서 가장 중요한 것이 뇌이므로 이에 대해 상세히 살펴볼 필요가 있다. 인간 게놈의 배열순서는 모든 사람에 있어 99.9% 이상 동일하게 나타난다고 한다. 인간 개개인의 차이는 나머지 0.1%에서 발생한다. 0.1%로 인해 어떤 사람은 키가 크고 어떤 사람은 작고, 또 어떤 사람은 두뇌가 매우 좋고, 어떤 사람은 평범하고 그리고 어떤 사람은 건강하고 어떤 사람은 평생 병에 찌들어 살아간다.

DNA는 인간의 육신을 결정하지만 그것이 인간의 전부 다는 아니다. DNA는 정보를 전달하는 운송체계이며 이 체계는 전기에 의존한다. 뇌는 전기가 몸 전체를 돌아다니게 한다. 뇌는 인격을 형성하고 건강을 유지하며 신체에 연료를 공급한다. 뇌는 인체의 최대전기발생기이다. 뇌는 뇌 전압, 뇌 속도, 뇌 리듬, 그리고 뇌파의 균형에 의해 몸으로의 전달관계를 갖는다.

뇌의 전압은 뇌가 자극에 반응하는 강도를 의미한다. 그러므로 단편적인 정보를 처리하는 뇌의 능력을 좌우하는 것이 뇌의 전압이다. 적절한 전압이 유지되지 않는다면, 모든 기능이 느려져서 성격과 행동 모두 우둔해진다.

뇌의 속도는 몸속에 돌아다니는 전기신호의 진행속도를 말한다. 뇌의 전기는 1초에 60비트(beats또는 cycles, 혹은 pulses 박동)의 속도로 몸속을 돌아다닌다. 생각은 1초에 2 혹은 3비트의 속도로 발생한다. 뇌의 속도를 늘림으로서 기억력, 집중력, 지능지수 그리고 행동까지도 향상시킬 수 있다. 뇌의 속도가 저하되면 기억력이 감퇴되고 정신이 멍해질 수 있다.

뇌의 리듬은 적정수준을 유지함으로서 리듬 있게 전기를 생산하고 받아들인다. 리듬이 끊어지면 신경이 날카로워지고 불안과 초조한 감정이 발생해 쉽게 화를 내게 된다.

뇌에 흐르는 전기는 뇌파의 형태로 볼 수 있다. 뇌파는 네 가지가 있고 각 뇌파는 정신적 의식과 육체적 의식의 단계를 모두 보여준다. 베타파는 깨어있음을 느끼고, 알파파는 창조성을 느끼며, 데타파는 졸음을 느끼고, 델타파는 수면 상태에 들게 한다.

이들 뇌파 사이의 균형이 깨지면 인간이 살아가는데 조화가 이루어지지 않게 된다. 멍청해지거나 잠을 잘못이루거나 마음이 어수선해져 감정조절이 어려워진다.

### 나) 신경세포와 뇌 화학물질

뇌는 전기적 충전을 통해 신체의 움직임을 조절하고, 호흡을 통제하며 배고프고, 슬프고, 아프고, 행복해 할 수 있는 감정을 만들어낸다. 그러나 이 전기도 움직일 수 있는 통로가 있어야 한다. 뇌의 활동은 자극에서 시작되는데, 이 자극은 생각이나 오감에서 비롯된 어떤 입력이다. 생각 또는 지각 신경으로부터 오는 정보가 뇌에 전달되면 뇌는 그 정보를 신체의 각 부위로 보낸다. 뇌에서 시작되거나 뇌로 향하는 모든 신호는 척수를 따라 이동하는데 뇌와 척수는 중추신경계를 형성한다. 뇌와 모든 신호의 이동로인 척수가 중추신경계를 이루고 있는 것이다. 신경계의 가장 작은 구성요소는 신경세포 (neuron)라는 특수세포이다.

인간은 1천억 개의 신경세포를 갖고 태어난다. 모든 신경세포에는 신경 핵이 있다. 여기에 각 신경세포의 유전 자료가 담겨있다. 수상돌기는 신경세포의 정보를 받는다, 축색돌기는 세포체가 받은 외부 신경 자극을 내부로 전달한다. 각 신경세포는 수천 개의 수상돌기가 있어 몸의 전기적 연락망을 형성하기 위해 다른 신경세포들과 유기적으로 연결되어 있다. 신경세포는 촘촘히 연결되어 있지만 서로 붙어있지는 않다. 이들 사이에 공간이 존재하는데 이 공간을 시냅스(synapse)라 한다.

그러므로 인간의 몸속에는 셀 수 없을 만큼의 시냅스가 존재한다. 신경세포의 축색돌기는 이 시냅스를 건너 다른 신경세포의 수상돌기와 접속하기 위해 뇌 화학물질(신경전달물질)을 이용한다.

이같이 시냅스를 거쳐 다양한 수용체로 이동하여 전기를 흐르게 하는 것이 뇌 화학물질이다.

각 신경세포가 특정 뇌 화학물질을 생성하고, 보내고, 받도록 정확하게 계획되었을 때 우리의 뇌와 몸은 원활하게 소통된다. 각기의 뇌 화학물질은 서로 다른 경로를 통해 이동하기 때문에 다양한 신체적 작용이 발생한다. 이 뇌 화학물질의 자연스러운 이동이 건강의 열쇠

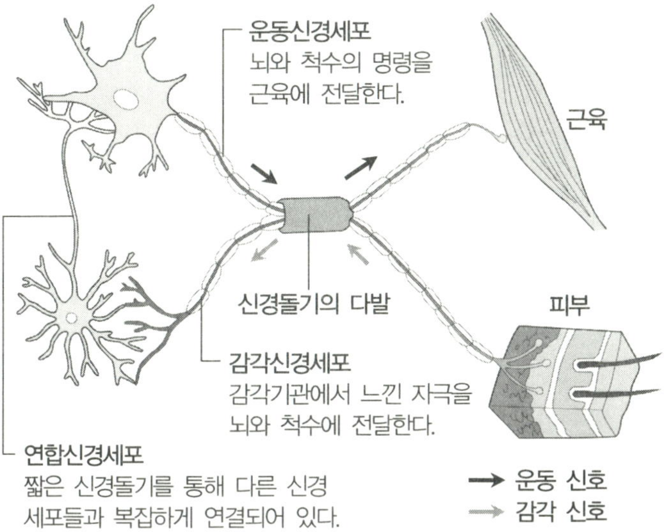


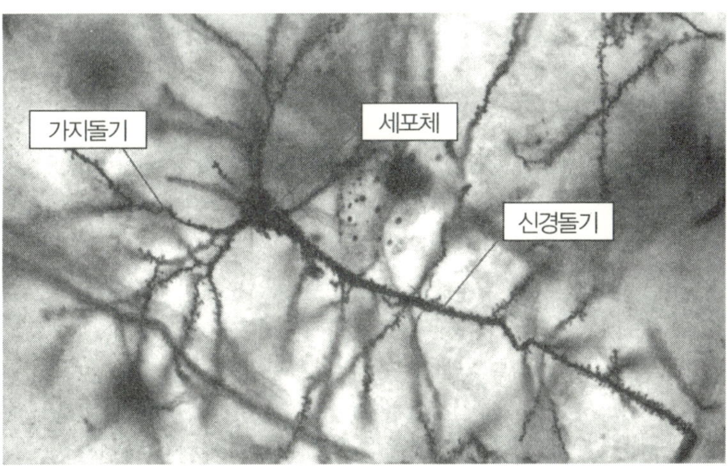


출처 : *인체에서 살아남기 1, 2, 3*, 곰돌이 co. 글 / 한현동 그림, 2009, 아이세움

**〈그림 5-1〉** 신경세포(뉴런)와 기능

이다. 이동이 과도할 경우 시냅스가 넘쳐 신경세포의 신호가 다음 신경세포로 전달되지 못하게 된다. 반대로 이동이 부족한 경우에는 다른 어느 곳으로도 신호가 전달되지 못하게 된다. 우리 인간 개개인의 특징을 결정짓는 주요 뇌 화학물질은 도파민(Dopamine), 아세틸콜린(Acetylcholine), 가바(Gaba) 및 세로토닌(Serotonin)이다. 이와 같은 뇌 화학물질들이 모여 마치 DNA가닥에서 짝을 이루는 네 개의 기본 염기화학처럼 뇌의 암호를 형성한다.

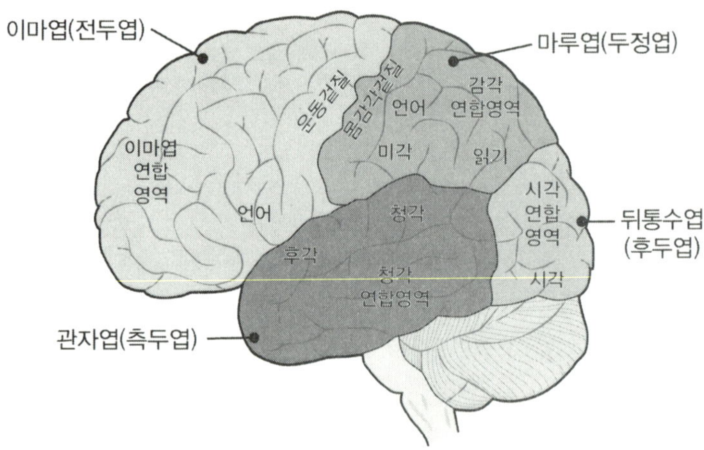


출처 : *서울대학교병원*

**〈그림 5-2〉** 대뇌의 엽과 각 부분의 기능

### 다) 뇌의 구조

뇌는 대뇌, 뇌줄기, 소뇌로 나뉘어져 있다. 대뇌는 다시 두 개의 반구로 나뉘고 뇌들보라는 신경섬유의 두꺼운 띠로 연결되어 있다. 대뇌의 두 반구는 "엽"이라는 네 개의 구역으로 나뉘며 소뇌도 세 개의 엽으로 나뉜다.

① 대뇌

대뇌는 두 개의 동일한 반구로 갈려있으며, 이는 네 개의 엽으로 구성되어 있다. 네 개의 엽은 이마엽, 마루엽, 관자엽, 뒤통수엽이다. 이 엽들은 신경계의 전기적 자극을 생화학적 신호로 바꾼다. 이 엽들은 네 가지 뇌 화학물질 중 우세한 어떤 하나의 화학물질을 갖고 있다. 어느 부위에서 어떤 뇌 화학물질이 과도하거나 부족한지에 따라 우리의 성격과 건강이 좌우된다.

i) 이마엽(전두엽)

몸의 모든 부분은 신경세포를 통해 이마엽(전두엽)과 연결된다. 이 연결을 통해 신체 각 부위는 뜨겁고, 차갑고 하는 촉각 같은 감각신호를 전달받게 된다. 이마엽은 몸의 움직임을 조절하고 자극에 반응하고 성격을 형성한다. 이마엽의 신경세포는 도파민과 베타파를 생성하며 도파민은 뇌의 전압을 조절한다. 도파민의 균형 여부는 도파민의 부산물인 아드레날린을 통해 알 수 있다. 도파민의 균형이 무너지면 중독 성장애, 비만, 심한피로, 파킨슨병 같은 신체장애가 나타날 수 있다.

ii) 마루엽(두정엽)

마루엽은 생각을 만들어낸다. 마루엽은 뇌가 몸으로부터 오는 감각신호를 이해하고 반응하도록 한다. 마루엽의 신경세포는 아세틸콜린과 알파파를 생산한다. 아세틸콜린은 뇌의 속도를 조절한다. 아세틸콜린이 균형을 이루면 창조적이 되고 스스로에게 만족감을 갖는다. 그러나 아세틸콜린의 균형이 무너지면, 언어장애, 기억력 감퇴와 같은 현상이 나타날 수 있다.

iii) 관자엽(측두엽)

관자엽은 기억력과 언어기능을 담당한다. 관자엽의 신경세포는 가바와 데타파를 생성한다. 관자엽은 성격을 주관하는 이마엽과 생각과 행동을 주관하는 마루엽이 균형을 이루도록 도와준다. 가바는 뇌의 신경 안정제로서, 가바가 균형을 이룰 때 몸과 마음이 차분해진다. 가바의 균형이 무너지면 두통, 고혈압, 심장의 두근거림, 성욕저하, 심장장애와 같은 좋지 못한 악영향을 끼칠 수 있다. 가바는 마라톤 주자의 행복감으로 알려진 엔돌핀의 생성을 도와준다. 엔돌핀이 방출되면 안정감이라는 가바의 특성을 경험할 수 있다. 이것이 엔돌핀의 효과이다.

iv) 뒤통수엽

뒤통수엽은 시각을 관장한다. 그리고 세로토닌과 델타파를 생성하여, 휴식을 취하고 동시성을 재개할 수 있게 하는 뇌의 능력을 조절하기도 한다.

세로토닌은 뇌와 몸에 치유, 보살핌, 만족의 감정을 만들어준다. 세로토닌이 균형을 이룰 때 숙면을 취하게 되고 잘 먹고 이성적인 사고를 할 수 있다. 그러나 균형이 무너지면 우울증, 호르몬불균형, 생리전증후군, 섭식장애 같은 나쁜 현상이 나타난다.

v) 뇌들보

뇌들보는 좌뇌와 우뇌를 전기적으로 연결하는 신경섬유의 띠이다.

② 뇌줄기(뇌간)

뇌줄기는 뇌와 몸 사이에서 전기가 전송되는 곳이다. 바로 이곳에서 뇌 균형 효과가 일어난다. 척추에서 뇌로 연결되는 연장선상에 있는 뇌줄기는 척수가 뇌의 시상 쪽으로 확장된 것이다.

③ 소뇌

소뇌는 몸의 균형과 팔다리의 동시동작과 같은 자동운동을 통제한다. 고양이는 인간보다 큰 소뇌를 갖고 있는데, 고양이의 놀라운 운동신경과 균형감각은 인간과는 비교가 되지 않는 수준이다.

④ 척수액

건강한 뇌의 척수는 척수액이라는 액체가 있다. 뇌 척수액이 없으면 뇌는 건조해져 말라 비틀어져 생명을 잃게 되고 말 것이다.

다) 체질과 성격

뇌는 다양한 방식으로 네 가지 뇌 화학물질을 처리한다. 네 가지 뇌 화학물질 중 어떤 것이 지배적 역할을 하느냐에 따라 체질이 결정되고, 네 가지 뇌 화학물질의 과다와 결핍여하에 따라 성격이 결정된다.

도파민이 우세하면 외향적인 성격이 강하고 느낌보다는 생각이 더 강하게 작용한다. 세로토닌은 즐겁게 놀고 싶은 욕구를 불러일으킨다. 통제가 안 될 경우 중독을 일으킬 수 있다. 이 같은 연구결과는 네 개의 뇌 화학물질이 특정 신체기능도 조절가능하며 신체전반에 걸쳐 중요한 영향을 미친다는 것을 암시한다.

〈표 5-1〉은 체질과 성격유형별로 가장 우세한 뇌 화학물질과 가장 부족한 뇌 화학물질을 알려준다. 또한 뇌의 전기적 작용에 어떤 영향을 미치는지를 보여준다.

**표 5-1.** 성격유형과 뇌 화학물질

| 체질 | 우세한 뇌화학물질 | 성격유형 | 뇌의 전기적 작용 |
|---|---|---|---|
| 도파민 체질 | +도파민 | 외향적 성격 | 뇌전압의 증가 |
| | −도파민 | 내향적 성격 | 뇌전압의 감소 |
| 아세틸콜린 체질 | +아세틸콜린 | 직관적 성격 | 뇌속도의 증가 |
| | −아세틸콜린 | 감각적 성격 | 뇌속도의 감소 |
| 가바 체질 | +가바 | 생각하는 성격 | 고요함과 리듬의 증가 |
| | −가바 | 느끼는 성격 | 고요함과 리듬의 감소 |
| 세로토닌 체질 | +세로토닌 | 판단하는 성격 | 조화로움의 증가 |
| | −세로토닌 | 인식하는 성격 | 조화로움의 감소 |

## 2) 뇌와 성격유형

### 가) 성격 유형

① 외향적인 성격과 내향적인 성격

외향적인 성격은 에너지를 외부로 발산한다. 이들은 매우 활동적이며, 사교적이고, 듣는 것 보다 말하는 것을 더 좋아한다. 이들은 우뇌가 우세한 편이다. 내향적인 성격은 조용한 생활의 시간을 필요로 한다. 이들은 비활동적이며 비사교적이다. 이들은 생각과 감정의 욕구가 철저히 통제되기 때문에 때때로 거리감을 느낄 수 있다. 이들은 좌뇌가 우세한 경향이 있다.

② 직관적인 성격과 감각적인 성격

직관적인 성격은 기능성에 무게를 두고 항상 새로운 기회나 새로운 행동방식을 찾는다. 직감이나 예감에 의존하는 이들의 행동은 동료들의 흥미를 끈다. 이들은 우뇌가 우세한 경향이 있다.

감각적인 성격은 의사소통에서 정확함에 중점을 두며 사실에 기초하여 말하기를 좋아한다. 이들은 확실성을 좋아하고 전통과 경험에 큰 가치를 둔다. 이들은 좌뇌가 우세한 경향이 있다

③ 생각하는 성격과 느끼는 성격

생각하는 성격은 논리적으로 정보를 수집하고 공정함에 근거하여 의사결정을 하려는 경향이 있다. 이들은 매우 원칙 주의적이며 좌뇌가 우세한 경향이 있다.

느끼는 성격은 따듯하고 사람들에게 즉시로 반응하여 상냥하게 말하고 행동하려 한다. 이들은 목표달성보다 과정에, 그리고 인간적 가치에 중점을 둔다. 이들은 자신이 사랑받고 있고 관심 받고 있다는 사실을 확인받고 싶어 한다. 우뇌가 우세한 경향이 있다.

④ 판단하는 성격과 인식하는 성격

판단하는 성격은 체계, 목록, 계획이라는 수단을 이용하여 외부세계를 정리하려 한다. 정리하고 체계를 세워야 하는 강박관념 탓에 유연하고 자연스러우며 변화를 수용하는 능력이 사장되어버리는 경향이

있다. 이들은 좌뇌가 우세한 경향이 있다.

인식하는 성격은 새로운 것을 경험하기를 좋아하는 호기심 많은 사람들이 이에 속한다. 자신의 외부세계를 조직할 때 생각나는 대로 융통성 있게 처리하는 경향이 있다.

이들은 모든 것에 흥미를 갖고 재빠르게 적응하는 경향이 있는데 이 같은 성향은 일을 시작만하고 끝을 내지 못하는 결과를 초래할 수 있다. 이들은 무한한 가능성에 살맛을 느낀다. 우뇌가 우세한 경향이 있다.

### 나) 성격 유형의 혼합

우리의 체질은 〈표 5-1〉과 같은 성향들의 혼합으로 이루어져 있다. 직관적이면서 생각하는 사람은 생각으로 사는 반면, 직관적이면서 느끼는 사람은 느낌으로 산다. 외향성과 내향성은 사람의 체질을 변화시킬 수 있는 수정적일뿐 네 개체질의 직접적 구성요소는 아니다. 인간의 일반적 범주에 속하는 네 가지 유형을 살펴보기로 하자.

#### ① 직관적이면서 생각하는 사람

이론적이고 장기계획에 능한 이성주의자이다. 정확성을 추구하는데 특히 생각과 언어에 있어 그러하다. 이들은 권력을 좋아하고 비판을 완전히 무시할 수 있다. 이들은 절대 모든 것을 심각하게 받아들이지 않는 편이다.

이들은 이마엽의 뇌 화학물질인 도파민과 이로부터 생성되는 베타파의 지배를 받는다. 이들은 매우 활기찬 소유자이다.

② 직관적이면서 느끼는 사람

진실하고 자상하며 다른 사람들의 감정을 이해하려 애쓴다. 이들은 좀 더 좋은 세상을 만들기 위해 언제나 최선을 다하며 살아간다.

마루엽의 뇌 화학물질인 아세틸콜린과 이로부터 생성되는 알파파의 지배를 받는다. 이들은 환각제의 복용을 통해 현실을 좀 더 이상적이고 몽환적으로 바꾸려 할 수도 있다. 이 같은 성향은 아세틸콜린 체질 때문이기도 하다.

③ 감각적이면서 판단하는 사람

조직과 전통의 지배를 받는다. 감시자의 특징을 보인다. 이들은 과거와 전통에 관심을 갖고 있으며 전통적 가치를 보존하는 것에 대해 자신의 의무사항이라고 생각한다.

이들은 입으로 말한 것은 반드시 지키려 한다.

관자엽의 뇌 화학물질인 가바와 이로부터 생성되는 데타파의 지배를 받는다. 이들은 침착함을 유지하려고 노력한다. 그래서 강박관념을 없애기 위한 수단으로서 술을 이용할 수도 있다. 이 같은 성향은 가바 체질이기 때문이기도 하다.

④ 감각적이면서 인식하는 사람

이들은 종종 공연 예술에 빠지며 욕구에 따라 행동하고 모험과 경험을 추구하는 장인 체질이다. 재미와 즐거움에 가치를 높게 두고 있으므로 경험을 통해 인생을 살아간다. 이들은 뒤통수엽의 뇌 화학물질인 세로토닌과 이로부터 생성되는 텔타파의 지배를 받는다. 도넛과 같이 당도가 아주 높은 음식을 종종 찾는데 이는 단 음식으로 부터 잠시나마 기분을 좋게 해주기 때문이다. 이 같은 성향은 세로토닌체질 때문이기도 하다.

### 다) 성격과 뇌 화학물질

체질은 다른 뇌 화학물질이 지배하는 성향까지도 포함하기 때문에 점점 더 복잡해진다. 체질은 어느 한 가지 뇌 화학물질에 의해 결정되지만 성격은 네 가지 뇌 화학물질의 개별적 조합에 의해 결정된다.

#### ① 도파민이 결핍된 성격

##### i ) 외로운 사람

균형을 이룰 때는 차분하고 깔끔하며 검소하다. 그러나 균형이 무너지면 다른 사람들과 어울릴 에너지가 부족하여 희노애락의 감정을 잃어버린 것 같아 보인다.

##### ii ) 미루는 사람

균형을 이룰 때는 융통성이 있고 잘 베풀며 호의적이고 여유가 있다. 그러나 균형이 무너지면 어떤 임무나 과제를 수행하여 끝맺음을 할 에너지가 부족하다. 마감일을 못 대고, 일에 의욕이 없어 늦장을 부리게 되고 화가 났을 때도 맞대응하기를 꺼린다.

② 아세틸콜린이 결핍된 성격

ⅰ) 괴벽스러운 사람

남과 잘 어울리지 않는다. 극단적인 경우, 다른 사람들에 대한 고려가 없기 때문에 기이한 행동을 하는 것처럼 보인다. 고독한 상황을 정상적인 것으로 생각하며 사람들과의 교류를 원치 않는다. 이들의 내면에는 신비함과 무모한 비젼으로 이루어진 꿈나라에서 산다. 작은 스트레스에도 쉽게 자기 신을 포함하여 주위 모든 사람들에게 위험을 줄 수 있다.

ⅱ) 완벽주의자

사소한 것에 목숨을 건다. 부지런하고 헌신적이고 정확하다. 완벽주의자는 유능한 사람으로 만드는 장점이 있지만, 모든 것을 이상적으로 완성하는 것은 비현실적이므로 의사결정에는 방해 요소가 될 수 있다. 자기절제라는 삶의 체계는 남들이 쉽게 다가갈 수 없는 장벽을 만들 수 있다.

이들은 엄격하게 자기통제를 하기 때문에 전형적인 일 중독자가 되기 쉽다. 그래서 여유롭게 쉬거나 즐기지 못하고 남에게 따스함을 주지 못한다.

③ 가바가 결핍된 성격

ⅰ) 불안정한 사람

균형을 이룰 때는 다른 사람의 요구를 잘 알아차리지만, 균형이 무너지면 분위기나 관계, 정체성, 욕구 등을 잘 통제하지 못한다. 성격이 무척 변덕스럽다. 개인적인 관심과 보살핌에 신경 쓰지 않으며 주변사람들과의 확고하고 안정적인 관계가 상실되어 있어 공허감이 지속된다.

ii) 주인공 역할을 하는 사람

균형을 이룰 때는 자신과 다른 사람들의 변화와 발전에 촉매제 역할을 한다. 그러나 균형이 무너지면 지나치게 가식적이 되어 일련의 큰 사건들이 매일 일어나는 것처럼 살아간다. 이들은 제멋대로인 경향이 있고 타인의 이목을 끌려고 하는 경향이 있다. 사회적 교류가 활발하더라도 타인의 욕구와 의도에 완전히 무관심한 편이다. 드라마 주인공 같은 이들의 성격은 자신과 사회의 경계선이 희미하여 이들이 벌이는 일들은 주변 사람들에게는 골칫거리가 된다.

④ 세로토닌이 결핍된 성격

i) 자신에게 몰두하는 사람

균형을 이룰 때는 많은 성취를 이루지만 균형이 무너지면 타인에 대한 감수성을 잃어버린다. 관습적 가치를 의미 없는 것으로 생각하여 자신만의 규칙을 만들어 이에 적응시키려 하므로 주변 사람들에게 싫증을 유발한다. 자신의 이미지는 환상과 과장으로 포장되었고 진실과 거짓의 경계가 모호하다.

ii) 룰 메이커

균형을 이룰 때는 집단의 룰을 무시하는 경향이 있다. 이들은 능수능란한 운영자로서 가치 있는 목표의 성취를 위해 기존의 체계를 잘 피해가며 일한다. 그러나 균형이 무너지면 사회전반에 대한 감수성이 부족해진다. 지극히 충동적이거나 근시안적이 되어 심사숙고의 과정 없이 무모하게 모든 일을 시도하려는 경향이 있다.

라) 뇌의 기능과 뇌 화학물질

① 기억력

나이가 든다고 반드시 기억력이 감퇴하는 것은 아니다. 기억력 감퇴는 뇌 화학물질이 결핍되어 있다는 구체적 징후이며 이는 회복될 수 있다. 기억력을 담당하는 주요 뇌 화학물질은 아세틸콜린이지만 다른 뇌 화학물질도 어느 정도 역할을 한다.

i) 작업 기억

정보와 자극을 흡수하고 이를 저장하는 능력과 관련이 있다. 작업 기억은 과거의 정보와 현재의 정보를 통합하는 역할을 한다.

ii) 즉각 기억

생각이 장기 기억으로 넘어가기 전 최고 30초 동안 저장되는 곳이다. 즉각 기억은 개인의 학습능력과 기본적 각성 능력의 척도가 된다. 마루엽과 아세틸콜린에 의해 좌우된다.

iii) 언어기억

소리, 단어, 문장들을 만들고 이해하는데 필요하다. 언어기억은 관자엽과 가바에 의해 좌우된다.

iv) 시각 기억

한 번 가본 길을 쉽게 찾아갈 수 있는 것은 탁월한 시각 기억을 가졌기 때문이다. 뒤통수엽과 세로토닌에 의해 좌우된다.

② 주의력

일반적으로 주의력이 산만한 경우에는 도파민이 결핍되어 있는 경우에 이 같은 현상이 발생한다. 또한 물건을 놓고 다니거나 하는 등의 부주의함이 빈번히 나타나는 경우에는 아세틸콜린이 그 원인일 수도 있다. 주의력 결핍이나 충동적 행위를 하는 경우에는 가바결핍이 그 원인일 수 있다. 그리고 개념을 이해하는 능력이 부족한 경우에는 세로토닌이 결핍되어 나타나는 현상일 수 있다. 물론 나타나는 증상이 예전에는 그러지 않았다가 최근 위와 같은 증상이 나타나는 경우를 말하며, 이때는 뇌 화학물질에 의한 적절한 치료를 통해 몸 상태를 회복시킬 수 있다.

## 2. Braverman의 체질평가[37]

브레이버맨의 뇌 체질 평가는 신체적 증상과 심리적 특징들을 검사한다. 이 검사에 의해, 4가지 뇌 화학물질 중 어떤 것이 자신의 지배

37) Eric, R. Braverman, The Edge Effect, 2010, 북라인, pp91-123.

적 뇌 화학물질인가를 알아내고 어떤 뇌 화학물질이 결핍되어 있는지, 충분치 않은지 또는 과다한지를 분석해 낸다. 지배적인 뇌 화학물질은 그 사람의 체질을 결정하게 되고, 부족하거나 과다한 경우에는 신체의 불균형을 낳게 된다.

이 경우 과다하거나 부족한 뇌 화학물질을 보완함에 의해 원래의 신체적 균형을 되찾게 할 수 있다.

브레이버맨 체질평가는 55년간 개발되어졌고 수정되어져 왔다. 이 평가는 여러 방면의 연구와 실험으로 얻어낸 결과물들을 융합한 것으로서 최고 석학들에 의해 검토되고 임상에서 검증된 내용들로 구성됐다.

그동안 신경정신과 의사들은 정신 상태를 기초로 성격적 특성을 밝히는 검사를 고안해내 이 방면에 큰 업적을 쌓았다. 브레이버맨 체질평가는 이 같은 정신 상태를 기초로 한 검사방법에 이외에 생화학적, 의학적 검사방법 등의 모든 영역을 충분히 고려한 최초의 방식이라 할 수 있다.

한편, 체질평가는 크게 두 부분으로 나뉜다. 첫 번째의 체질검사는 자신의 지배적인 체질이 무엇인지를 말해준다. 두 번째 검사는 결핍검사로서, 자신에게 어떤 뇌 화학물질이 부족한지를 알려준다.

### 1) 체질검사

각 문항에 맞으면, ( )안에 ○표를 하고 각 그룹 마지막에 해당되는 ○표가 몇 개인지를 계산해 적어 넣는다.

### 가) 그룹 1

① 기억력과 주의력

- 생각을 잘 정리한다. ( )
- 효과적으로 집중을 잘한다. ( )
- 나는 깊이 생각하는 사람이다. ( )
- 한 번에 많은 일을 하면 주의가 산만해진다. ( )
- 격렬한 토론을 즐긴다. ( )
- 상상력이 풍부하다. ( )
- 내 생각을 비평하고 분석하는 경향이 있다. ( )

**(○) 표시 문항 합계 (  )**

② 신체건강

- 대부분 에너지가 넘친다. ( )
- 혈압은 대개 올라가 있다. ( )
- 가끔 지나치게 에너지가 솟구칠 때가 있다. ( )
- 불면증이 있다. ( )
- 운동을 하면 기분이 상쾌해진다. ( )
- 아침에 정신이 들게 항상 커피를 마셔야 하는 것은 아니다. ( )
- 정맥 혈관이 튀어 나와 잘 보인다. ( )
- 몸에 열이 많다. ( )
- 일하면서 점심을 먹는다. ( )
- 기회가 되면 언제든 섹스를 할 수 있다. ( )
- 욱 하는 다혈질이다. ( )

- 나는 단지 몸을 재충전하기 위해서 먹는다. ( )
- 액션 영화를 좋아한다. ( )
- 운동을 하면 활력이 솟는 것을 느낀다. ( )

(○) **표시 문항 합계** (　　)

③ 성격

- 나는 지배적인 성향이 강한 사람이다. ( )
- 이따금 내 기분을 모를 때가 있다. ( )
- 종종 내 생각에 몰두해서 다른 사람의 말을 놓친다. ( )
- 몸싸움을 한 적이 많다. ( )
- 나는 미래지향적이다. ( )
- 종종 생각에 잠기곤 한다. ( )
- 대부분의 사람은 나를 사고 중심적인 사람으로 본다. ( )
- 백일몽을 꾸며 종종 환상의 나래를 편다. ( )
- 역사책과 다른 논픽션 책을 좋아한다. ( )
- 독창적인 것을 보면 감탄한다. ( )
- 사람들이 왜 문제를 일으키는지, 원인을 얼른 파악하지 못한다. ( )
- 도와달라는 사람들에게 잘 속지 않는다. ( )
- 대부분의 사람은 내가 혁신적이라고 생각한다. ( )
- 대부분의 사람은 내가 엉뚱한 생각을 한다고 여기지만, 나는 항상 그것에 대해 논리적으로 설명할 수 있다. ( )
- 종종 흥분하고 쉽게 화가 난다. ( )
- 사소한 일에도 긴장하고 짜증을 낸다. ( )
- 무한한 힘에 대한 환상이 있다. ( )

- 돈 쓰는 것을 좋아한다. ( )
- 다른 사람들을 이끄는 편이다. ( )
- 나 자신에게 매우 엄격하다. ( )
- 다른 사람의 비난을 잘 참지 못하는 편이며, 자주 방어망을 친다. ( )

(○) 표시 문항 합계 (　　)

④ 특성

- 어떤 사람들은 내가 의지가 강하다고 생각한다. ( )
- 대부분의 사람은 나를 성취 지향적인 사람으로 본다. ( )
- 어떤 사람들은 내가 비이성적이라고 말한다. ( )
- 목표를 위해서라면 무엇이든 할 것이다. ( )
- 종교적 철학에 가치를 둔다. ( )
- 무능력한 것들에 화가 난다. ( )
- 나와 타인에 대한 기대치가 높다. ( )

(○) 표시 문항 합계 (　　)

### 나) 그룹 2

① 기억력과 주의력

- 기억력이 매우 좋다. ( )
- 남의 말을 잘 경청한다. ( )
- 내용을 잘 기억한다. ( )
- 얼굴을 잘 잊어버리지 않는다. ( )

- 매우 독창적이다. ( )
- 집중력이 뛰어나고, 핵심을 잘 놓치지 않는다. ( )
- 직감이 발달해 있다. ( )
- 내 주변에서 일어나는 일은 뭐든 알아챈다. ( )
- 상상력이 풍부하다. ( )

**(○) 표시 문항 합계 (　　)**

② 신체건강

- 맥박이 느리다. ( )
- 몸이 탄탄하다. ( )
- 몸매가 좋다. ( )
- 콜레스테롤이 낮다. ( )
- 식사할 때 음식의 풍미를 느끼는 것을 좋아한다. ( )
- 요가나 스트레칭을 좋아한다. ( )
- 섹스할 때 매우 관능적이다. ( )
- (거식증, 과식증 등의) 섭식장애를 겪은 적이 있다. ( )
- 많은 대체요법을 시도해 봤다. ( )

**(○) 표시 문항 합계 (　　)**

③ 성격

- 나는 영원한 로맨티스트이다. ( )
- 항상 내 감정을 인식하고 있다. ( )
- 직감에 의해 결정하는 경향이 있다. ( )
- 사색하는 것을 좋아한다. ( )

- 소설 읽는 것을 좋아한다. ( )
- 어떤 사람들은 내가 비현실적이라고 말한다. ( )
- 나는 풍부한 상상의 세계를 갖고 있다. ( )
- 사람들과의 문제를 창의적으로 해결한다. ( )
- 표현하기를 좋아해서 나를 힘들게 하는 것에 대해 잘 말한다. ( )
- 나는 낙천적이다. ( )
- 신비한 체험을 할 수 있다고 믿는다. ( )
- 나는 누군가의 소울메이트가 될 수 있다고 생각한다. ( )
- 때때로 신비한 것들에 흥분을 느낀다. ( )
- 내 몸에 과잉 반응을 하는 경향이 있다. ( )
- 쉽게 변화할 수 있다고 생각해 한 가지 방식만 고집하지 않는다. ( )
- 내 감정의 깊은 곳까지 항상 인식하고 있다. ( )
- 쉽게 사랑하고 쉽게 증오하는 편이다. ( )
- 이성에게 작업을 잘 건다. ( )
- 인간관계를 위해서는 돈 쓰는 것을 아끼지 않는다. ( )
- 섹스를 하면서 몽상에 잠기곤 한다. ( )
- 로맨스가 끊이지 않는다. ( )
- 사랑을 위해서는 위험을 감수한다. ( )

(○) 표시 문항 합계 (    )

④ 특성

- 보다 나은 미래를 생각한다. ( )
- 다른 사람을 도와주면 힘이 난다. ( )

- 나는 무엇이든 가능하다고 믿는다. 특히 노력하는 사람의 경우에는 더 가능하다고 믿는다. ( )
- 사람들과 잘 어울린다. ( )
- 마음속에서 우러나오는 관용과 이타심이 마르지 않는다. ( )
- 사람들은 내가 비전을 갖고 있다고 생각한다. ( )
- 종교에 대한 생각이 종종 바뀐다. ( )
- 이상주의자이지만 완벽주의자는 아니다. ( )
- 나를 존중하는 사람과 함께 있을 때 행복하다. ( )

(○) 표시 문항 합계 (　　)

다) 그룹 3

① 기억력과 주의력

- 주의력이 강하고, 다른 사람의 말을 잘 이해할 수 있다. ( )
- 책보다 사람들을 읽는 것을 더 좋아한다. ( )
- 내가 들은 것을 대부분 기억하고 있다. ( )
- 사람들이 내게 말하는 사실들을 기억할 수 있다. ( )
- 나는 경험으로부터 배운다. ( )
- 이름을 잘 기억한다. ( )
- 맡은 일과 사람들의 이야기에 온전히 집중할 수 있다. ( )

(○) 표시 문항 합계 (　　)

② 신체건강

- 쉽게 긴장을 풀고 휴식을 취한다. ( )

• 조용한 스타일이다. ( )
• 밤에 쉽게 잠이 든다. ( )
• 육체적으로 잘 견디는 편이다. ( )
• 혈압이 낮다. ( )
• 중풍의 가족력이 없다. ( )
• 섹스에 대해 그다지 실험정신이 없다. ( )
• 근육의 탄력이 거의 없다. ( )
• 커피를 마셔도 별 영향력이 없다. ( )
• 식사를 천천히 한다. ( )
• 잘 잔다. ( )
• 설탕 같은 해로운 음식을 그리 갈구하지 않는다. ( )
• 운동을 철저히 한다. ( )

**(○) 표시 문항 합계 (　　)**

③ 성격

• 모험을 좋아하지 않는다. ( )
• 발끈하는 성미는 아니다. ( )
• 인내심이 많다. ( )
• 철학에 관심이 없다. ( )
• 가족에 관한 시트콤을 좋아한다. ( )
• 다른 세계나 우주에 관한 영화를 좋아하지 않는다. ( )
• 위험이 따르는 일을 좋아하지 않는다. ( )
• 결정하기 전에 과거의 경험들을 생각한다. ( )
• 현실주의자이다. ( )

- 뼈아픈 일을 당해도 아픈 만큼 성숙한다고 믿는다. ( )
- 사실적이고 구체적인 것을 좋아한다. ( )
- 한번 결정하면 변하지 않는다. ( )
- 일별, 주별, 월별로 계획 짜는 것을 좋아한다. ( )
- 물건들을 잘 모은다. ( )
- 조금 슬프다. ( )
- 직접 부딪치는 것도, 언쟁을 벌이는 것도 두렵다. ( )
- 만일의 사태에 대비해 저축을 많이 한다. ( )
- 타인과 강하고 지속적인 유대를 형성하는 편이다. ( )
- 타인의 인생에서 든든한 버팀목이 된다. ( )

**(○) 표시 문항 합계 (     )**

④ 특성

- 일찍 자고 일찍 일어난다. ( )
- 마감 일자를 잘 지킨다. ( )
- 다른 사람을 즐겁게 해주려고 최선을 다한다. ( )
- 완벽주의자이다. ( )
- 오래도록 지속적인 관계를 잘 유지한다. ( )
- 내 돈을 어디에 쓰는지 잘 안다. ( )
- 사람들이 좀 더 윤리적이 되면 세상은 좀 더 평온해질 거라고 믿는다. ( )
- 연인이나 가족에게 매우 충실하고 헌신한다. ( )
- 높은 윤리성을 바탕으로 살아간다. ( )
- 법과 도덕, 규칙을 잘 지킨다. ( )

• 사회봉사에 잘 참여한다. ( )

(○) 표시 문항 합계 (　　)

라) 그룹 4

① 기억력과 주의력

• 손으로 하는 일에 쉽게 집중한다. ( )
• 눈으로 본 것을 잘 기억한다. ( )
• 꽤 통찰력이 있다. ( )
• 즉흥적으로 생각한다. ( )
• 지금 이 순간을 위해 산다. ( )
• "용건만 말하라"고 하는 편이다. ( )
• 책을 통해 쉽게 배우지 못해도, 경험을 통해서는 쉽게 배운다. ( )
• 머릿속으로 생각하기보다 직접 해봐야 이해가 간다. ( )

(○) 표시 문항 합계 (　　)

② 신체건강

• 잠이 많다. ( )
• 섹스에 관한한 아주 실험적이다. ( )
• 혈압이 낮다. ( )
• 매우 행동 중심적이다. ( )
• 집 안 곳곳을 잘 고친다. ( )
• 야외 활동을 즐긴다. ( )
• 오토바이, 스카이다이빙 같은 대담한 활동을 한다. ( )

- 문제를 그때그때 바로 해결한다. ( )
- 탄수화물은 거의 당기지 않는다. ( )
- 음식을 급하게 먹는다. ( )
- 운동을 꾸준히 하지 못한다. 3주간 매일하다가 한 달간 쉬기도 한다. ( )

(○) 표시 문항 합계 (　　)

③ 성격

- 즉흥적으로 산다. ( )
- 사람들 앞에서 보여주거나 즐기는 게 좋다. ( )
- 일을 체계적으로 하지 못한다. ( )
- 매우 융통성이 있다. ( )
- 협상을 잘한다. ( )
- 종종 “먹고 마시고 즐기자”는 주의이다. ( )
- 어디로 튈지 모르는 성격이다. ( )
- 꽤 예술적이다. ( )
- 나는 뭐든 잘 만드는 장인이다. ( )
- 운동에 관한한 모험을 즐긴다. ( )
- 영매를 믿는다. ( )
- 쉽게 다른 사람을 이용할 줄 안다. ( )
- 타인의 철학에 냉소적이다. ( )
- 즐기는 것을 좋아한다. ( )
- 영화중에서도 공포물을 가장 좋아한다. ( )
- 무기를 보면 환장을 한다. ( )

- 계획이나 일정에 얽매이지 않는다. ( )
- 충실하기가 힘들다. ( )
- 애인과 쉽게 헤어지고 또 다른 애인을 만날 수 있다. ( )
- 내가 돈을 어떻게 쓰는지 크게 신경 쓰지 않는다. ( )
- 가볍게 만나는 친구들이 많다. ( )

(○) 표시 문항 합계 (    )

④ 특성

- 더 좋은 것이 생기는 경우를 대비해 항상 다른 선택의 가능성을 열어 놓고 있다. ( )
- 오랜 기간 열심히 일하는 것을 싫어한다. ( )
- 모든 것에는 그 기능과 목적이 있다고 생각한다. ( )
- 낙천적이다. ( )
- 지금 이 순간을 즐긴다. ( )
- 영적인 도움이 필요할 때만 기도한다. ( )
- 도덕성이나 윤리성이 그리 높지 않다. ( )
- 하고 싶은 것을 하고, 하고 싶을 때 한다. ( )
- 완벽해지려고 하지 않는다. ( )
- 저축은 어리석은 사람들이나 하는 짓이다. ( )

(○) 표시 문항 합계 (    )

(결과)

- 그룹 1 문항, (○) 표시의 합계 ___ : 도파민체질
- 그룹 2 문항, (○) 표시의 합계 ___ : 아세틸콜린체질

- 그룹 3 문항, (○) 표시의 합계 ___ : 가바체질
- 그룹 4 문항, (○) 표시의 합계 ___ : 세로토닌체질

솔직한 답변을 통해 가장 많은 숫자가 나온 그룹이 자신의 지배적인 체질이다. 일반적으로 어느 한 그룹에서 35점 이상이 나오면 이를 지배적인 체질로 간주하며, 이는 얼마간의 불균형이 있다는 것을 의미하기도 한다.

어떤 체질이 지배적인 체질보다 10-15점이 낮으면, 그 체질은 평생 결핍될 가능성이 크므로 건강한 상태라도 균형을 맞출 필요가 있다.

대부분의 경우 한 가지 체질의 점수가 두드러지는데, 어떤 경우 두 가지 이상의 체질에서 거의 동일한 점수가 나오는 경우도 있다. 즉 도파민과 아세틸콜린의 점수가 동일한 수준이라면 자신의 지배적 체질은 도파민이다. 그리고 가바와 세로토닌의 점수가 동일수준이라면 자신의 지배적 체질은 세로토닌이다. 이는 네 가지 뇌 화학물질의 지배구조가 가바를 제외하고는 같은 진행 순서를 따르기 때문이다.

## 2) 결핍검사

각 문항에 해당하면, (  )안에 (○)표를 하고 각 그룹 마지막에 해당 (○)표의 개수가 몇 개인지를 계산해 넣는다.

이 평가는 자신의 결핍된 화학물질이 무엇인지를 말해준다.

가) 그룹 1

① 기억력과 주의력

- 계속해서 집중하지 못한다. ( )
- 카페인이 들어가야 잠이 깬다. ( )
- 생각을 빨리하지 못한다. ( )
- 오랫동안 집중하지 못한다. ( )
- 흥미 있는 일이라도 깔끔히 마무리하기가 힘들다. ( )
- 새로운 것을 배우는데 느리다. ( )

**(○) 표시 문항 합계 (     )**

② 신체건강

- 단 것이 당긴다. ( )
- 성욕이 줄었다. ( )
- 너무 많이 잔다. ( )
- 술이나 다른 것에 중독된 적이 있다. ( )
- 요즘 특별한 이유 없이 지치는 것을 느낀다. ( )
- 무리하지 않는데도 완전히 기진맥진할 때가 있다. ( )
- 늘 체중감량 문제를 앉고 산다. ( )
- 성욕이 거의 일어나지 않는다. ( )
- 아침에 일어나기 힘들다. ( )
- 코카인, 암페타민, 엑스터시 같은 흥분제에 빠진 적이 있다. ( )

**(○) 표시 문항 합계 (     )**

③ 성격

• 남들 하는 대로 그냥 따라 해도 좋다. ( )
• 사람들에게 잘 이용당한다. ( )
• 우울하거나 많이 처져있다. ( )
• 사람들이 내가 너무 침착하고 점잖다고 말한다. ( )
• 급한 게 없다. ( )
• 사람들이 날 비난하도록 놔둔다. ( )
• 나를 이끌어줄 누군가를 항상 찾는다. ( )

**(○) 표시 문항 합계 (      )**

④ 특성

• 판단력을 상실했다. ( )
• 제대로 된 결정을 할 수가 없다. ( )

**(○) 표시 문항 합계 (      )**

나) 그룹 2

① 기억력과 주의력

• 상상력이 부족하다. ( )
• 처음 본 사람의 이름을 잘 기억하지 못한다. ( )
• 기억력이 떨어지는 것을 느낀다. ( )
• 로맨틱한 감정이 없다고 애인이나 배우자가 말한다. ( )
• 친구들의 생일을 기억하지 못한다. ( )
• 창의력이 많이 떨어졌다. ( )

(○) 표시 문항 합계 (　)

② 신체건강

- 불면증이 있다. ( )
- 근육의 탄력이 줄었다. ( )
- 더 이상 운동하지 않는다. ( )
- 기름진 음식이 마구 당긴다. ( )
- 환각제나 다른 금지 약물을 복용해본 적이 있다. ( )
- 내 몸이 무너지는 느낌이 든다. ( )

(○) 표시 문항 합계 (　)

③ 성격

- 기쁨을 자주 느끼지 못한다. ( )
- 절망감이 있다. ( )
- 다른 사람으로부터 상처받지 않도록 절대 나에 대한 이야기는 많이 하지 않는다. ( )
- 다른 사람들이 나보다 귀찮은 일에 더 짜증을 낸다. ( )
- 쉽게 승복하고 순종하는 편이다. ( )
- 일상적이고 반복적인 일을 좋아한다. ( )

(○) 표시 문항 합계 (　)

④ 특성

- 나 이외의 다른 사람의 이야기에 관심이 없다. ( )
- 다른 사람의 감정에 신경 쓰지 않는다. ( )

- 자주 감정이 가라앉는다. ( )
- 나의 결함에 강박적으로 신경을 쓴다. ( )

**(○) 표시 문항 합계 (    )**

다) 그룹 3

① 기억력과 주의력

- 초조하고 불안하여 집중하기가 힘들다. ( )
- 전화번호를 기억하지 못한다. ( )
- 적당한 단어가 떠오르지 않는다. ( )
- 어떤 상황에서 떠올려야 하는 일을 기억해내기가 힘들다. ( )
- 나 자신은 지적이라고 생각하지만 남들은 잘 알아보지 못한다. ( )
- 집중력이 좋았다 안 좋았다 한다. ( )
- 책을 읽을 때 같은 문구를 몇 번씩 읽어야 이해가 될 때가 있다. ( )
- 생각은 빨리하지만, 내 의도를 항상 잘 전달하지 못한다. ( )

**(○) 표시 문항 합계 (    )**

② 신체건강

- 몸살 기운이 있다. ( )
- 종종 몸이 떨린다. ( )
- 요통이나 두통에 자주 시달린다. ( )
- 숨이 차는 경향이 있다. ( )
- 가슴이 두근거리는 경향이 있다. ( )

- 손이 찬 편이다. ( )
- 땀에 흠뻑 젖을 때가 있다. ( )
- 가끔 어지럽다. ( )
- 가끔 근육통이 있다. ( )
- 가끔 속이 울렁거린다. ( )
- 쓴 음식이 당긴다. ( )
- 종종 불안하다. ( )
- 긴장을 푸는데 도움이 되어 요가를 좋아한다. ( )
- 밤에 잠을 자도 종종 피곤하다. ( )
- 과식한다. ( )

**(○) 표시 문항 합계 (　　)**

③ 성격

- 감정의 변화가 심하다. ( )
- 한꺼번에 많은 일을 하는 것을 좋아하지만, 무엇을 먼저 해야 할지 결정하기가 힘들다. ( )
- 그냥 재미있어서 일을 하는 경향이 있다. ( )
- 지루할 때면 언제나 신나는 일을 만들려고 한다. ( )
- 변덕스러워 감정과 생각이 자주 변하는 편이다. ( )
- 어떤 일에 지나치게 흥분하는 경향이 있다. ( )
- 충동적인 기질 때문에 스스로 곤경에 빠지곤 한다. ( )
- 연극적일 만큼 과장된 모습으로 나 자신에게 몰두하는 경향이 있다. ( )
- 남이 어떻게 반응하든 내 마음을 그대로 말한다. ( )

• 가끔 욱해서 화를 냈다가 심한 죄책감을 느낄 때가 있다. ( )

(○) 표시 문항 합계 (　　)

④ 특성

• 더 이상 교과서적으로 행동하지 않는다. ( )
• 많은 친구를 잃었다. ( )
• 로맨틱한 관계를 지속하지 못한다. ( )
• 법을 무시하는 경향이 있다. ( )
• 예전에 따랐던 규칙이 지금 우습게 여겨진다. ( )

(○) 표시 문항 합계 (　　)

라) 그룹 4

① 기억력과 주의력

• 이해력이 부족하다. ( )
• 과거에 본 것을 잘 기억하지 못한다. ( )
• 반응이 느리다. ( )
• 방향 감각이 없다. ( )

(○) 표시 문항 합계 (　　)

② 신체건강

• 밤에 식은땀이 난다. ( )
• 불면증이 있다. ( )
• 좀 더 편한 자세를 취하려고 잘 때 자주 뒤척인다. ( )

- 항상 아침 일찍 깬다. ( )
- 긴장을 풀지 못한다. ( )
- 밤에 최소한 두 번은 깬다. ( )
- 밤에 깨면 잠들기 힘들다. ( )
- 소금(짠 음식)이 당긴다. ( )
- 운동할 힘이 없다. ( )
- 슬프다. ( )

(○) 표시 문항 합계 (　　)

③ 성격

- 만성 불면증이 있다. ( )
- 쉽게 짜증이 난다. ( )
- 자기 파괴적인 생각이 있다. ( )
- 살면서 자살 충동을 느낀 적이 있다. ( )
- 생각이 너무 많은 경향이 있다. ( )
- 생각이 너무 빡빡해서 종종 융통성을 잃을 때가 있다. ( )
- 나의 상상력에 스스로 압도될 때가 있다. ( )
- 가끔 두려울 때가 있다. ( )

(○) 표시 문항 합계 (　　)

④ 특성

- 인생의 의미에 대해 늘 생각한다. ( )
- 더 이상 모험을 하고 싶지 않다. ( )
- 인생이 허무해 고통스럽다. ( )

(○) 표시 문항 합계 (　　)

(결과)

- 그룹 1 문항, (○)표시의 합계 ___ : 도파민체질
- 그룹 2 문항, (○)표시의 합계 ___ : 아세틸콜린체질
- 그룹 3 문항, (○)표시의 합계 ___ : 가바체질
- 그룹 4 문항, (○)표시의 합계 ___ : 세로토닌체질

가장 많이 나온 것이 자신의 가장 큰 결핍체질이다. 자신에게 결핍된 체질은 자신의 지배적 체질과 같을 수도 있고 다를 수도 있다. 가장 큰 결핍체질은 질병으로 이어질 수도 있다.

(○)표시가 5개 이상인 체질은 가벼운 결핍, 6개에서 15개 사이는 중등도의 결핍을 나타낸다. 그러나 15개 이상인 경우는 심한 결핍의 정도를 의미하므로 빠른 시간 내에 전문의와 상의를 해야 한다.

# 제6장 네 가지 뇌 체질

전장에서 우리는 뇌 속의 뇌 화학물질 조합에 따른 체질결정이 어떻게 이루어지는지를 배웠고, 실제로 검사를 통해 자신의 지배적 체질이 무엇인가를 알아보았다.

이 장에서는 제5장의 내용을 참고로 하여, 각 체질의 특성을 살펴보고 체질별 뇌 화학물질의 결핍이나 과다현상이 발생했을 때 어떤 증상이 나타나는지를 알아볼 것이다. 그리고 이 경우 신체적 균형을 위한 몇 가지 방법들에 대하여도 살펴볼 것이다.

## 1. 도파민 체질

### 1) 특성

뇌 속에서 높은 전압의 베타파를 생성하는 도파민은 몸과 마음에 활력을 준다. 도파민이 우세한 사람들은 일반적으로 강하고 민첩하며 재치가 있다.

도파민 체질은 세계인구의 약 17%에 해당한다. 이 체질은 항시 에너지가 넘친다. 도파민 체질이 균형을 이룰 때 도파민 체질은 자신이 원하는 것과 그것을 얻는 방법을 정확히 알고 있는 의지가 강한 사람일 가능성이 높다.

도파민 체질은 걸음이 빠르며 자신만만하다. 이들은 매우 이성적인 편이다. 그래서 감정보다는 사실과 숫자에 더 능하다. 이들은 자기 자신을 비판적으로 평가할 줄 알지만, 자기 자신에 대한 타인들의 비판이나 부정적인 평가를 잘 받아들이지 못한다.

도파민 체질은 일에 대한 강한 집중력을 갖고 있으며 자신이 하는 일에 대해 자부심이 강하다. 이들은 다른 체질보다도 상대적으로 혁신적이고 실용적이며 전략적인 사고를 갖고 주도적 역할을 수행함으로써 문제 해결능력이 뛰어나다. 이러한 특성으로 다른 사람들에게 활기를 불어 넣어주게 된다. 또한 이들은 스트레스도 잘 극복하는 편이다. 이 같은 도파민 체질은 위에서 언급한 체질적 특성으로 인해 복잡한 지식이나 치밀한 계획을 필요로 하는 직업을 갖게 된다. 주로 의사, 과학자, 연구원, 발명가, 엔지니어, 군지도자, 건축가 중에서 도파민 체질을 쉽게 찾아볼 수 있다.

도파민 체질은 지적 활동에 크게 흥미를 갖고, 경쟁을 즐긴다. 엄청난 에너지로 피곤을 모르며 항상 경계의 눈빛을 게을리 하지 않는다. 이들은 다른 사람들보다 잠을 덜자는 편이다.

도파민 체질의 일차적 특징은 합리성이다. 이들은 관계를 돌보는 것보다 관계를 형성하는데 더 능하다. 이 체질은 감수성이 다소 떨어지기 때문에 타인들이 이성보다 감성이 더 강하다는 사실을 잘 모른다. 도파민 체질이 결혼에 성공하기 위해서는 정이 많고 가정에 충실한 사람을 만나야 한다. 이들은 가족 내에서 아이들과의 관계가 소홀할 수 있으므로 가족관계를 잘 이끌어야 한다.

도파민의 뇌 균형효과는 도파민 체질을 극대화할 때 발생한다. 육체적으로 충분한 기쁨을 느끼고 모든 일로부터 즐거움을 찾으며 모든 일에 적절하게 대처할 때 극대화가 일어난다.

### 2) 도파민이 과다할 때

도파민이 과다하게 생산되면 너무 날카로운 성격적 특성을 나타내는데 이는 지나친 도파민 생성에 따른 위험수위 수준임을 암시하는 것이다. 지나치게 날카로운 성격적 특성은, 과다하게 긴장하고 급박해지며 충동적인 사고와 행동을 가져온다.

일반적인 도파민 체질은 정신적 육체적 자극에 흥미를 나타내게 되지만, 도파민이 지나치게 많아지면 흥분과 에너지를 구축하지 못해 폭력을 행사하기도 한다. 연령층으로 살펴보면, 10대에는 일반적으로 도파민이 과다한 시기이다. 이 시기에는 난폭운전이나 폭력 등의 사회적 문제를 일으키기 쉽다. 극단적인 경우, 연쇄 성범죄자 중에서 성적 욕구가 지나치게 강한 도파민 과다인 경우가 종종 발견되곤 한다.

### 3) 도파민이 결핍될 때

도파민이 결핍된 경우에는, 뇌가 도파민을 너무 많이 연소하거나 적게 생산하기 때문이다.

도파민 결핍은 다른 뇌 화학물질 중 하나가 우세한 사람에게서 발생할 확률이 가장 높다. 즉 아세틸콜린이나 가바 또는 세로토닌이 우세한 사람들 중에 도파민 결핍이 쉽게 발견된다.

도파민 체질도 도파민이 부족해질 수 있다. 이들은 도파민이 적절할 때의 상태를 잘 알고 있기 때문에 아주 작은 도파민 변화도 쉽게 알아차릴 수 있다. 즉 에너지가 부족하여 힘이 없거나 생각이 전보다 또렷하지 못할 때 이 체질은 자신의 결핍을 쉽게 감지하게 된다.

일반적으로 도파민이 결핍되면 초기증상으로는 에너지가 부족해지는 현상이 온다. 육체적으로 피로하고 정신적으로 나태해진다. 그리하여 먼저 집중력이 떨어지거나 머리가 들뜬 느낌이 들고 사고나 의사결정이 전보다 느려질 수 있다. 이전처럼 일하기가 힘들고, 일을 마치기 위해서는 더 많은 시간과 노력을 투입해야만 한다. 잠을 더 많이 자도 일어나기 힘들고, 힘을 얻기 위해 이전보다 커피나 카페인이 든 음료를 더 마시기도 한다. 이런 음료는 그 효과가 일시적이므로, 이 때문에 하루 종일 카페인음료를 달고 산다. 커피를 너무 많이 마시면 부정맥과 함께 신경과민을 유발하며 쉽게 화가 날 수 있다. 설탕과다섭취는 비만과 제2형 당뇨병이 발생할 수 있다. 도파민이 부족하게 되면, 일에 집중이 안 되고 마음이 산란하여 평상시처럼 일을 처리할 수가 없게 된다. 또한 체중이 증가하거나 주위사람들과의 관계를 피하게 되고 심지어 사랑하는 사람들과의 관계도 소원해질 수 있다. 피로, 집중력저하, 마음의 동요 등으로 인해 의사 결정이나 미래를 위한 관리에 자신이 없어지고, 흥미를 잃어 성적 접촉을 피하기도 한다.

### 4) 도파민을 생성하는 영양소

도파민 식이요법은 페닐알라닌과 티로신의 지속적인 공급을 위해 이들이 함유된 단백질을 충분히 섭취해야 한다. 페닐알라닌과 티로신은 도파민의 재료가 되는 아미노산이다. 이 두 아미노산은 단백질이 풍부한 음식에 들어있다. 단백질이 많은 음식은 풍부한 과일과 채소와 함께 먹어야 한다. 카페인 음료는 도파민 결핍에는 일시적으로 이로울 수 있지만 세로토닌 결핍에는 불면증을 유발할 수 있고, 가바 결핍에는 긴장, 초조, 두근거림이 나타날 수 있다. 또한 아세틸콜린 결핍에는 흥분이나 주위가 산만해지는 현상이 나타날 수 있다. 따라서 커피나 카페인이 많이 든 음료수는 가급적 피하는 것이 좋다.

#### 가) 페닐알라닌

페닐알라닌은 피로와 진통완화에 좋다. 페닐알라닌은 뇌와 혈장에 있는 필수아미노산으로 체내에서 티로신으로 바뀐 후 다시 도파민으로 합성된다. 페닐알라닌은 닭고기, 오리고기, 돼지고기, 계란, 생선, 두부, 치즈, 갑각류, 조개류, 대두, 호두, 아몬드와 같은 고 단백식품과 죽순, 참깨, 플레인 요구르트 등에 들어있다. 페닐알라닌은 가벼운 우울증에 효과적이고 특히 피로를 없애는데 좋다.

#### 나) 티로신

페닐알라닌이 티로신으로 바뀔 때 이 티로신(아미노산)은 스트레스에 대한 저항을 강화하여 몸의 천연 진통제 역할을 한다. 즉 티로신은 도파민의 합성에 쓰인다. 티로신은 화학적으로 아드레날린과 연관된 노르에피네프린을 만들기도 한다.

티로신은 에너지가 부족한 도파민 결핍환자들에게 에너지를 제공할 수 있다. 티로신이 많이 함유된 식품은 페닐알라닌이 많이 들어있는 식품과 거의 유사하다.

## 2. 아세틸콜린 체질

### 1) 특성

아세틸콜린 체질은 마루엽에서 생성되는 뇌 화학물질의 지배를 받는다. 마루엽은 언어이해력, 지능 주의력 같은 사고기능을 담당한다. 아세틸콜린 체질은 일을 감각적으로 처리하는데 능하고 세상을 감각적인 시각으로 바라본다. 아세틸콜린 체질의 소유자들은 매우 창조적이고 항상 새로운 생각으로 가득하다. 이 체질도 세계인구의 약 17%에 해당한다.

이 체질은 생각이 빠르고 항상 타인들을 고려하는 사람들이다. 이 체질은 어떤 일을 하던지 수고를 마다하지 않고 최선을 다한다. 이들은 유연성, 창조성, 추진력을 갖고 있어 새롭고 관심이 높은 일이라면 무엇이든 시도하려 한다. 균형 잡힌 아세틸콜린 체질은 직관적이고 혁신적이다. 이들은 생각이나 대화와 관련된 모든 것에 즐거움을 느끼고 자신의 열정을 타인과 공유할 줄 아는 능력이 있다.

이 체질은 상담가, 명상가, 두뇌집단의 구성원, 요가나 명상 강사, 종교지도자, 공익단체의 구성원에 적합하다. 그리고 뇌의 속도와 창조성에 영향을 미치기 때문에 예술가, 작가, 광고인, 배우 등과 같은 직업을 가진 사람들 중 아세틸콜린 체질이 많다.

또한 아세틸콜린 체질이 교육자라면 미술이나 문학을 가르칠 가능성이 높고, 회계사라면 전망과 계획의 전문가가 될 것이다.

이 체질은 사람을 만나고 새 친구를 사귀는 것을 좋아한다. 영원한 낙천가인 이들은 모든 사람한테서 가능성을 발견한다. 아이들의 요구에 귀를 기울이고 배우자에게 로맨틱하게 대한다. 이들은 타인들의 감정과 반응을 기억하는 독특한 능력이 있어 다른 사람들에게 상처를 주는 일은 거의 없다. 이타주의와 선한 마음씨 탓에 이들은 모두로부터 인기가 좋다.

### 2) 아세틸콜린이 과다할 때

아세틸콜린이 과다하여, 타인들에게 지나치게 베풀어 자학적인 단계에 이르게 되면 위험수위에 이른 것이다. 아세틸콜린이 과다하게 생성되면, 세상이 자신을 이용하고 있다는 피해망상에 빠질 수 있다. 그리하여 자기 자신을 세상의 한 구석으로 고립시키게 된다.

### 3) 아세틸콜린이 결핍될 때

아세틸콜린은 피부의 감각자극을 받아들여 저장된 정보에 접속하는 능력을 조절한다. 촉각, 미각, 시각, 후각, 청각의 오감은 우선적으로 뇌로 간다. 이 정보들은 기억과 생각으로 가공되어 뇌 속에 저장되며 지식의 기반으로 사용된다.

오감에 대한 뇌의 반응은 뇌 속도로 나타난다. 알파파로 측정되고 아세틸콜린은 인체에 흐르는 전기신호를 통해 뇌 속도를 조절한다. 몸의 실제 경험을 기억과 생각으로 연결하는 작용이다. 이 전기속도는 인간의 연령과는 다른 뇌의 건강수준에 따라 달라진다.

뇌 속도가 느려지면, 뇌는 다음번 자극이 전달되기 전에 새로운 자극을 이미 저장된 정보와 연결할 시간이 없어진다. 따라서 어떤 정보는 처리되기도 전에 사라져서 기억이 안 나게 된다.

아세틸콜린 결핍으로 인한 건강 악화의 초기 징후는 사고력이 떨어지는 것이다. 육체적으로는 감각이 떨어지고 정신적으로는 기억력이 떨어지게 된다.

아세틸콜린 체질은 다른 어떤 체질보다 결핍으로 인한 뇌 기능 손상이 가장 뚜렷하게 나타난다.

아세틸콜린과 도파민 결핍은 모두 주의력 문제를 일으키지만, 아세틸콜린 결핍은 학습에너지의 부족을 가져온다.

### 4) 아세틸콜린을 생성하는 식품

아세틸콜린 체질의 균형을 유지하는 가장 쉬운 방법 중의 하나는 먹는 음식을 잘 선택하는 것이다. 아세틸콜린 체질이 아세틸콜린이 부족할 경우에는 기름기가 많은 음식이 당기게 된다. 아세틸콜린이 부족할 때 우리 몸은 비타민B에서 아세틸콜린으로 바뀌는 콜린이라는 영양소를 더 필요로 한다. 콜린은 인지 기능에 매우 중요한 역할을 하는데 이것은 기름기 많은 음식에 많이 들어있다. 그래서 아세틸콜린이 부족할 때 기름기가 많은 음식이 당기는 것이다. 그러나 살을 빼려하는 사람들에게는 이 경우 매우 곤혹스러운 사태에 부딪치게 된다.

콜린이 많이 함유된 식품은 계란 노른자, 고기, 간, 생선, 곡물 등이지만 이 식품에는 불행하게도 지방이 많이 함유되었다.

일반적으로 콜린이 많이 함유된 식품은 다음과 같다.

소고기 살코기나 간, 돼지고기, 닭 간, 계란노른자, 메추리알, 등 푸른 생선, 대구, 연어, 아몬드, 익힌 브로콜리, 익힌 양상추, 보리, 농축 발효유, 깻잎, 마늘, 김, 미역 등.

그 이외에 저 지방 콜린 식품은 다음과 같다.

오이, 서양호박, 상추, 닭 살코기, 돼지고기 살코기, 탈지유, 삶은 계란, 저지방 치즈, 냉 우유, 저지방요구르트, 생선, 과일, 소고기 살코기, 저칼로리 샐러드드레싱, 무 지방 분유 등.

### 5) 기타

아세틸콜린의 균형은 특히 알루미늄의 해악에 민감하다. 알루미늄으로 된 조리 기구나 식기 등을 피하고 알루미늄이 함유된 베이킹파우더, 제산제, 연수제 등도 삼가야 한다. 알루미늄은 신경세포안의 아연의 기능을 차단하기 때문에 신경전달 막이 막히게 된다.

또한 폭력적인 욕설, 상스러운 말, 그리고 포르노영화 등은 아세틸콜린의 공급을 막기 때문에 주의해야 한다.

알츠하이머병은 아세틸콜린이 조절하는 뇌 활동 감소와 직접적인 연관이 있다.

## 3. 가바 체질

### 1) 특성

가바는 뇌를 차분하게 안정시켜준다. 가바 체질의 특성은 안정감이다. 세계인구의 절반이 이 체질에 속한다. 이들은 일관성, 사회성, 타인을 위한 배려를 특징으로 한다.

가바가 균형을 이룰 때는 주위의 소동에 동요하지 않는다. 시간엄수, 실용성, 객관성, 냉철함, 자신감 등은 모두 균형 잡힌 가바 체질에서 자연스럽게 나온다. 가정이나 직장에서 가바 체질의 조직력은 이들의 특기이다. 불확실성을 없애주고 순탄한 항해를 약속할 수 있는 잘 계획된 스케줄을 만들어 실행하는 능력도 갖추고 있다.

이 같은 특성을 가진 가바 체질은 관리자, 회계사, 경호원, 간호사, 기술자, 항공관계자, 뉴스리포터, 응급구조대원, 행사기획자, 버스기사, 주부 등 근본적으로 관리와 보살핌을 필요로 하는 일에 자연히 끌린다.

가바 체질은 모든 외부에 충실하고 가까운 사람들을 보살피는 것에서 기쁨을 얻는다. 이들은 안정적이고 감정의 기복이 심하지 않고 화를 잘 내지 않는다. 이들은 여럿이 함께하는 활동도 좋아하지만 일대일로 하는 활동을 더 좋아하는 편이다. 이들에게는 남들을 편안하게 해주는데 행복의 근원이 있다.

가바 체질은 전통과 체제에 순응하고 그 안에서 임무에 충실하다.

전통을 중시하는 것은 전통이 모든 것에 대해 안정을 보장해주기 때문이다. 이들은 사람들이 모이는 것을 좋아하여 모임을 직접 계획하던 그렇지 않던 이들에게 모임은 일이 아닌 놀이가 된다. 또한 이들에게 정리는 일이 아닌 즐거운 휴식이다.

### 2) 가바가 과다할 때

가바가 과다하여 최악의 경우가 되면, 자신의 욕구가 충족되지 않아 상처를 받으면서도 보살핌과 사랑을 베풀기 위해 애쓴다. 보호 본능이 점차로 강해지는 것이다.

### 3) 가바가 결핍될 때

가바는 관자엽에서 생성되며 뇌 전체에 걸쳐있는 조용하고 리듬감 있는 데타파와 연관되어 있다. 가바는 신경계의 주요 억제 신경전달물질로서 다른 뇌 화학물질을 모두 제어한다. 가바는 뇌의 리듬을 조절하여 육체적, 정신적으로 안정감 있게 활동하도록 한다.

가바 결핍으로 리듬감이 떨어지면 불안, 초조, 신경질적인 반응 등이 나타나게 된다. 가바 결핍으로 인한 건강악화의 초기 징후는 안정감을 잃는 것이다. 육체적으로는 몸의 여기저기가 계속 아프다.

가바 생산이 줄어들면 가장 먼저, 계속되는 두통으로 머리를 돌리기조차 힘들어진다. 음식을 먹으면 계속 트림이 나서 짜증스럽고 밤에 수면 중에 간혹 식은땀을 흘리기도 한다. 가끔 어지럼증이 나타나기도 하며 손에 땀이 차고 친한 친구가 방금 부탁한 일도 잊어버리게 된다. 그리고 심해지면, 숨이 차고 심장이 급히 뛰는 증상이 나타난다.

### 4) 가바를 생성시키는 음식

가바 체질의 균형을 유지하는 가장 자연스럽고 쉬운 방법은 식이요법이다. 즉 가바의 전구물질 아미노산인 글루타민을 지속적으로 공급하는 것이다.

가바의 생성을 돕는 식품은 아몬드, 귀리, 바나나, 오렌지, 감귤류, 브로콜리, 현미, 쇠간, 시금치, 견과류, 통곡물 등이 있다. 이 외에 좋아하는 과일과 야채도 최대한 다양하게 섭취하면 좋다.

가바가 결핍되면 단순 탄수화물이 당기는데 이는 뇌를 일시적으로 진정시키지만 3시간 이내에 곧 다시 가바 불균형상태로 돌아간다. 가바 체질은 단당류, 흰 밀가루 등 통밀을 제외한 일반적인 밀가루 음식을 삼가야 한다.

## 4. 세로토닌 체질

### 1) 특성

세계인구 17%가 이 체질에 속한다. 뇌의 델타파를 생성하는 세로토닌은 휴식하고, 재생하며 평정을 찾을 수 있게 해준다.

세로토닌 체질은 순간을 사는 법을 아는 사람들이다. 세로토닌 체질은 현실주의자이며 감각적인 것에 민감하게 반응하고 즐겁게 노는 것을 무척 좋아한다. 이들은 일을 신속히 처리함으로서 성취감을 느끼는 사람들이다. 이들은 변화를 추구하여 하던 일의 형태를 바꾸거나 새로운 일을 시작하기도 한다. 지배적인 뇌 화학물질이 세로토닌이기 때문에 이들은 힘들거나 장애물이 있다고 물러서지 않는다. 이들은 일하는 것이 즐겁지 않으면 할 가치가 없다고 생각한다. 세로토닌 체질은 운동신경, 눈과 손의 협조, 유연성, 위기관리능력이 요구되는 직업에 가장 적합하다. 세로토닌이 우세한 사람은 온갖 종류의 기구나 도구에 능하다. 건설근로자, 오일정비공, 트럭과 구급차기사, 군인, 헤어스타일리스트, 바텐더, 조종사, 컴퓨터 프로그래머 등과 같이 최첨단 기기를 다룰 수 있는 직업의 사람들이 세로토닌 체질에 해당하는 경우가 많다.

운동선수, 영화배우, 사진작가, 모델 등도 세로토닌 체질에 속할 확률이 높다. 또한 이 체질은 쇠락해가는 회사를 구원하기 위해 기용된 유능한 회사 중역에게서도 흔히 나타난다. 외과의사, 정형외과의사, 카이로프랙터, 탐정이나 연구원, 위기조정 전문가도 마찬가지이다.

흥이 넘치는 곳에 세로토닌 체질이 있다. 파티나 축하연, 컴퓨터나 비디오 게임, 카지노 같은 곳을 좋아한다. 무엇인가 흥분을 자아내는 요소가 있는 것이라면 무엇이든 해보려고 한다. 등반, 사냥, 사격, 스카이다이빙 등도 좋아한다.

세로토닌 체질은, 서로의 관계에는 열정적이면서 얽매이는 것을 싫어한다. 이들은 상대방이 자신의 자유를 존중해 주기를 바란다.

이들은 낙천적이고 명랑하며 편안하고 함께 대화를 하면 재미있다. 또한 보살피는 것을 힘겨워하면서도 아이들을 특히 좋아한다.

### 2) 세로토닌이 과다할 때

세로토닌이 과다하면 극도로 불안해질 수 있다. 머뭇거리고 산만하며 비판에 대해 발끈하고 사람들이 자신을 싫어할까봐 병적으로 불안해한다.

극단적인 경우, 이런 성격 중에는 심하게 수줍음을 타거나 자신을 형편없고 열등한 존재로 생각하는 사람도 있을 수 있다.

이런 사람들은 슬픔, 분노, 타인과 교류하고 싶은 열망으로 고통 받는데, 역설적이게도 이들은 너무 두려운 나머지 사람들과의 교류를 시도조차 하지 못한다.

### 3) 세로토닌이 결핍될 때

세로토닌은 시력과 휴식을 위한 전기를 생성하는 한편, 중독을 조절하기도 한다.

뒤통수엽은 모든 뇌파의 생성을 조절함으로서 뇌의 전반적인 균형과 동시성을 유지한다. 낮에는 네 종류의 뇌파가 다양하게 생성되지만, 밤에는 세로토닌의 작용으로 뇌가 재충전하며 균형을 되찾는다. 만일 이 뇌파들의 균형이 깨지면 우뇌와 좌 뇌의 균형이 깨져 몸의 균형을 잃은 듯한 느낌이 들 수 있다. 그러면 심한 피로를 느끼거나, 자신을 통제하지 못하거나, 잠을 자지 못하는 증상이 나타날 수 있다.

세로토닌의 균형이 깨지면 뇌의 자체적인 충전능력이 떨어진다. 너무 흥분하거나 잠을 잘 자지 못하면 세로토닌이 소진될 수 있다.

### 4) 세로토닌 생성에 좋은 음식

세로토닌이 결핍되면 단순 탄수화물이나 짠 음식이 당긴다. 이들은 저장된 세로토닌을 방출하지만 기분을 아주 즐겁게 해준다. 하지만 짠 음식은 특히 고혈압에 좋지 않고 탄수화물의 섭취는 체중증가로 직결된다. 또 세로토닌 체질에게 동시에 중요한 일은 술 종류를 삼가는 것이다. 세로토닌 식이요법의 목적은 몸에 충분한 트립토판을 공급하는 것이다. 트립토판은 체내에서 세로토닌으로 변하는 아미노산이다. 트립토판은 칠면조 고기 같은 고단백 식품에 들어 있으며 자연스럽게 잠이 잘 오게 된다. 이외에도 닭고기, 돼지고기, 동물의 간, 계란, 효모, 메밀, 우유, 요구르트 등도 트립토판이 많이 들어있는 식품이다. 고 단백 식사를 할 때 야채나 과일을 많이 섭취해야 한다.

# 제 3 부

# 여성과 소비

제7장 여성의 needs와 여성의 소비

# 제7장 여성의 needs와 여성의 소비

인간의 경제행위를 분석함에 있어, 주류경제학의 기본가정은 현실 경제에서 행해지고 있는 다양한 현상들을 설명하기에는 미흡한 부분이 적지 않게 존재하고 있다. 그래서 실제 경제에서 발생하고 있는 경제현상들을 설명하기 위하여, 주류경제학의 기본적 가정인 합리성을 행동경제학에서는 제한적 합리성으로 대체한다. 즉 인간의 비이성적, 비합리적 경제행위를 다루고 있다. 이러한 내용을 설명한 것이 1장과 2장 그리고 3장의 일부에 해당한다. 그리고 3장의 끝머리에서는 인간의 뇌 속에서 생성되는 호르몬과 신경전달물질의 기능에 대하여 그 일부를 살펴본 바 있다.

여성은, 중성배아의 형태로 생명의 시작을 알린지 약 두달후, 뇌로부터 시작한 여성 특유의 호르몬인 에스트로겐의 맹활약으로, 남성을 대표하는 호르몬인 테스토스테론을 압도하여 여성이라는 성을 완성시키게 된다. 시간이 지남에 따라 에스트로겐의 생산이 증대되어 20대에 들어서면 절정기를 이룬다. 이외에도 가바나 아세틸콜린과 같은 신경전달물질도 생성되어 온몸에 분비되고 이것은 사람의 특성을 결정짓게 되는 요소로 작용하게 된다. 그리고 이 같은 호르몬이나 신경전달물질은 남성과 여성에 따라, 성격에 따라 생산과 혼합비중이 변화하게 된다.

지구상의 인구는 여성이 약 절반을 차지하고 있다. 그런데 일부국가에서는 총 소비의 80%를 여성이 소비하고 있고 다른 국가들에서도 여성의 소비 비중은 70%를 상회하고 있다.

경제는 자원을 사용하여 상품을 생산하는 공급과 이를 사고자 하는 수요가 존재한다면 순환하게 된다. 가장 단순한 경제순환 원리이다. 수요가 증가하면 공급은 자연히 증가하게 되고, 공급증가는 상품생산을 증대시키기 위해 생산요소를 더 많이 사용하게 된다. 생산요소를 소유하고 있는 경제주체의 하나인 가계는 곧 소비자이며, 이들은 상품생산자들이 더 많은 상품생산을 위해 더 많은 생산요소를 사용함에 따라 가계의 소득 즉 소비자의 소득이 증가하게 된다. 소비자의 소득이 증가하면 그들의 소비는 더욱 증가하게 된다. 그리하여 경제는 호경기를 맞게 된다. 만약 이와 반대의 현상이 발생하게 되면, 그 국가의 경제는 불경기에 빠져들게 된다. 이 같은 경기순환과정에서 알 수 있듯이 상품을 사고자 하는 수요의 역할은 경제에 엄청난 영향을 미치게 된다.

그런데 살펴본 바와 같이, 생산된 상품을 사고자 하는 수요는 전체 총 수요의 80%가 여성인 것이다. 이 같은 이유에서 이번 장에서는 여성에 대한 내용을 다루고자 한다.

## 1. 여성의 소비특징

### 1) 여성의 소비 비중

상품을 구입함에 있어 구입결정권을 누가 갖고 있는가? 여러분의 아버지와 어머니 두 분 중 누구의 의견이 더 강력한 구매결정을 갖고 있을까? 당신과 당신의 여자 친구 혹은 아내 둘 중 누가 상품에 대한 구매결정권을 갖고 있을까? 아마 대부분의 경우 여성들이 그 권한을 행사할 것이다. 그리고 남성들은 쇼핑하는 것 자체를 그리 좋아하지 않는 특성이 있다.

반면 여성들은 쇼핑을 매우 좋아한다. 남성이 백화점에서 특정상품 1개를 구입할 때 소요되는 시간은 평균 30분 이내이다. 그러나 여성은 그 몇 배의 시간이 소요된다. 백화점에 부부가 쇼핑을 가는 경우, 남성은 빨리 사서 집에 가자고 하고, 여성은 온 백화점을 전부 구경해야 직성이 풀린다. 옆에서 따라 다니며 빨리 집에 가자고 조르는 남편은 참 귀찮은 존재이다. 그래서 여성들은 남편과 함께하는 쇼핑은 좋아하지 않는다.

2000년대 중반 이후 조사한 통계자료에 의하면, 호주의 경우 전체 소비의 80%를 여성이 담당하고 있으며, 그중에서도 18-24세의 여성이 가장 큰 비중을 차지하고 있다. 이 시기에 미국의 통계자료를 살펴보면, 여성의 소비 비중이 전체소비의 약 83%를 차자하고 있는 것으로 나타났다. 이중 주택과 가구구입에 있어서는 전체 소비 중 여성소비 비중은 90% 이상을 차지하고 있었다. 또한 전통적으로 남성들이 주로 구입을 담당했던, 컴퓨터나 가전제품분야에서도 여성의 몫은 50% 이상을 나타내고 있었다.

결국 상품의 소비는 여성이 완전한 주도권을 갖고 있다고 보아야 할 것이다.

## 2) 남성과 여성의 상품선택 과정의 차이

남성과 여성의 상품선택[38]은 그 과정에서부터 상당한 차이점을 갖고 있다. 그 차이점은 상품에 대한 정보취득경로, 구매동기부여, 구매환경 및 구매행위에서 발생한다. 일반적으로 여성에 비해 남성들의 두뇌는 이해력이 빠르고 조직적이다. 반면 여성의 뇌는 남성에 비해 감정이입능력이 크고, 의사소통능력이 크다.

상품설명서나 광고 문구를 접할 때, 여성은 가능한 한 전체내용이 무엇인지를 알고자 한다. 이에 비해 남성은 자기가 관심 있는 분야만 선택하여 그것을 집중적으로 이해하려는 경향을 갖는다. 상품구매의 선택과정에서, 남성은 그 상품이 어떻게 작동되는 것 인지에 관심을 갖는다. 그러나 여성은 자기 자신 혹은 가족전체에 얼마나 편한 삶을 제공할 수 있으며 얼마나 행복하게 해줄 수 있는가에 초점이 맞춰진다. 남성들은 그 상품 속에 들어있는 설명서를 읽음에 의해 필요한 정보를 얻으려 하고, 여성들은 매장 직원이나 다른 고객들로부터 궁금한 점을 알려고 한다.

요약해보면, 남성은 단순히 자기가 원하는 상품을 구매하는 것에만 관심을 갖고 있지만, 여성은 자기가 구입하고자 하는 상품에 대해 다른 사람들의 경험과 정보를 얻고자 한다. 그러므로 여성은 매장의 담당직원과 대화를 많이 나누게 되므로 담당직원의 서비스태도가 매우 중요한 역할을 담당하게 된다.

---

38) 한스게오르크 호이젤, 전게서, pp164-174.

### 3) 여성의 브랜드 충성도

기존의 많은 연구결과에 의하면, 고객의 충성도는 남성보다는 여성이 더 높다. 목표고객에 대해 남성과 여성을 구분하지 않고 상품광고를 하더라도 광고, 홍보는 여성에게서 훨씬 더 큰 효과를 거둘 수 있다. 남성들과 달리 여성은 자기가 사용한 혹은 사용하고 있는 상품에 대해 주위사람들에게 상세한 정보를 전달하는 기능을 하고 있어 여성의 영향력은 남성들보다도 강하다. 그러나 이 경우, 사용했거나 사용하고 있는 상품에 대한 평가가 긍정적인 경우라면 상품생산기업에게 매우 좋은 결과를 가져다 줄 수 있지만, 그 반대라면 그 기업의 상품에 대한 나쁜 이미지가 신속하고도 광범위하게 퍼져나가게 되는 결과를 가져온다.

여성은 너무 민감하고 신속하고 영향력이 매우 큰 움직이는 광고판인 것이다. 따라서 여성을 목표고객으로 생산되는 상품은, 상품의 품질은 물론이거니와 상품종류, 색상, 디자인 등의 생산과정, 그리고 판매 전략에 있어서도 세심한 분석이 선행되어져야만 한다.

또한 여성을 대상으로 한 상품생산, 판매 전략이 더욱 섬세한 분석과 배려가 따라 주어야 하는 또 다른 이유가 있다. 그 이유는 다음과 같다.

여성은 자신의 자녀들을 출산하고 키우는 역할을 하고 있다. 특히 우리나라의 경우, 자녀양육을 주로 담당하고 있는 것은 여성이다. 어쩌면 우리나라 모든 엄마들이 다른 어떤 나라들의 엄마보다도 모성애가 더 커서 그런지도 모르겠다. 출산 이후 청년기로 성장해갈 때까지, 모든 엄마들은 자녀들과 함께 동일한 브랜드의 상품을 사용한다. 자녀들이 어린 아기 때에는 아기들을 위한 상품을, 그리고 자녀들이 어느 정도 성장하더라도 자녀들은 항시 엄마 곁에서 생활하게 되어, 엄마를 위한 상품이더라도 자녀들은 그 상품에 매우 익숙해진다. 그러므로 엄마가 선택한 상품은 자녀들이 청소년기에 다다를 때까지 항시 함께하게 되어 자녀들의 기억 속에 친밀하고 확고하게 저장된다. 자녀들이 홀로 독립해나가는 평균연령이 선진국들에 비해 더 높은 우리나라의 경우에는, 청소년기를 지나기까지도 엄마와 함께 특성 브랜드 상품을 가까이하게 된다. 이 같은 성장환경은 엄마와 함께했던 상품 브랜드에 대해 좀 더 긍정적인 감정으로 머릿속에 기억된다.

자녀들이 성장하여 성인이 되고, 세월이 더 흐르게 되더라도, 엄마와 함께했던 어린 시절의 추억들은 좋은 향수로서 기억에 남게 된다. 그리고 그 기억 속에서 엄마가 선택했던 상품은 다른 추억들과 같이 긍정적이고 아늑한 기억으로 남아 자녀들의 상품선택에 결정적 역할을 하게 된다.

결국 여성의 브랜드 충성도는 본인에게만 그치는 것이 아니라 다음 세대에까지도 막대한 영향력을 미치는 특징을 갖고 있다.

### 4) 여성의 쇼핑유형

여성은 남성에 비해 상대적으로 에스트로겐이라는 호르몬을 더 많이 가지고 있다. 또한 옥시토신이나 프로락틴 등의 신경전달물질을 보다 많이 갖고 있는 여성은 쇼핑에 있어서도 남성과는 상당한 차이점을 보이고 있다.

여성은, 한 번에 여러 가지 사고를 할 수 있으며 관용과 긍정적 감정을 갖고 있으며 보살핌과 충만한 애정을 소유하고 개방적인 감정과 타인과의 의사소통을 중요시하게 생각하며 남성들과 달리 환상적인 이미지를 줄 수 있는 상품들을 선호한다.

여성은 상품의 색상이나 디자인에 많은 관심을 보이고 전시공간이나 디스플레이와 같은 실내 인테리어에도 큰 흥미를 느낀다. 또한 여성은 매장담당직원들의 진심을 담고 있는 태도, 세심한 배려 그리고 고객 개개인의 취향을 고려한 겸손하면서도 유쾌한 대화 등에 매우 민감한 반응을 나타내는 특징이 있다.

이와 같은 여성특유의 성향을 보여주는 여성의 쇼핑에 대해, 스텔라 미나한(Stella Minahan)과 마이클 베버랜드(Michael Beverland)는 다섯 가지의 유형[39]으로 나누고 있다.

첫째, 필요한 상품만을 구입한 후 쇼핑장소를 신속히 떠나는 유형

둘째, 주로 구경만하는 유형

셋째, 쇼핑을 하나의 치료방법으로 하는 유형

넷째, 쇼핑을 친구들과 함께 즐기는 유형

다섯째, 오로지 상품자체에만 관심을 갖고 있는 상품사냥꾼이다.

### 가) 필요 상품만을 구입한 후 신속히 떠나는 유형

이 유형은 항상 시간이 부족하다. 시간이 제일 중요하다. 그러므로 구매과정이 복잡한 것을 제일 싫어한다. 구매과정만 편리하게 되어 있다면 가격에는 큰 관심이 없으므로 매번 동일 매장을 이용하려 한다. 이와 같은 유형의 고객을 위해서는, 상품이 쉽게 눈에 띄게 할 수 있는 상품진열구조, 충분한 공간이 제공되어 있는 통로 및 신속계산이 가능한 계산대를 갖추어야 한다. 특히 상품진열에 정성을 들여야 한다.

---

39) 스텔라 미나한. 마이클 베버랜드, Why Women Shop, 2007, 도서출판어문학사. pp 79-106

나) 구경을 위주로 하는 유형

이 유형은 상품의 구매에는 관심이 없다. 쇼핑행위 그 자체를 통해 생활의 에너지를 충전 받고 행복해한다. 백화점이 문을 열 때부터 문을 닫을 때까지 많은 시간을 백화점에서 보낸다. 그러므로 매장 직원의 지나친 관심과 서비스에 대해 매우 부담스러워 한다.

이러한 유형의 고객을 위해서는, 단지 구경만을 위주로 하기 때문에 눈에 잘 보일 수 있는 조명시설과 편리하게 구경할 수 있는 동선구조가 구비되어져야 한다.

다) 쇼핑을 하나의 치료방법으로 생각하는 유형

이 유형의 특성은, 자기 자신의 정신적 치유를 목적으로 하므로 매장 직원이 상품판매를 위해 고객을 대하는 것을 싫어하고 고객의 입장에서 고객의 이익만을 고려해주기를 바란다. 따라서 매장 직원의 친절이 대단히 중요하다. 가족과의 쇼핑보다는 친구들과의 쇼핑을 주로 한다.

이 유형의 고객에게는, 스트레스를 주지 않는 편안하고 아늑한 환경이 제일 중요하다. 이를 위해 편안하게 쉴 수 있는 아늑한 공간을 제공하여 스트레스를 줄이고 즐거움을 줄 수 있는 공간과 시설이 중요하다.

라) 친구들과의 즐거운 나들이로 생각하는 유형

쇼핑을 통해 일상생활에서의 탈출을 시도하려는 유형이다. 그러므로 쇼핑 이전부터 친구들과 함께하는 세밀한 계획을 세우게 되고, 때로는 친구들과 함께 며칠 동안 이어지는 장기 쇼핑여행이 될 수도 있다.

이 유형에게 필요한 것은, 축제의 분위기에 걸 맞는 색상, 음악 등의 환경이다. 유쾌하고 쾌적함을 줄 수 있는 따뜻한 색감의 분위기와 친구들과 기분을 좋게 할 수 있는 음악 그리고 함께 즐길 수 있는 시각적인 볼거리가 있어야 한다.

마) 상품 사냥꾼

이 유형의 쇼핑목적은 자기 자신의 기호와 취향에 적합한 저렴한 상품의 구입이다. 이들은 다소 공격적이고 신속하고 독단적인 쇼핑태도를 보여주기도 한다.

이들을 위해서는, 할인 상품을 잘 보이게끔 하는 조명시설과 공간배치가 가장 중요하다.

### 5) 여성고객을 불쾌하게 만드는 환경

- 고객의 겉모습에 따라 상이한 태도를 보이는 매장 직원의 태도
- 원하는 상품을 쉽게 찾을 수 없는 상품진열 방식
- 지나치게 적극적인 매장 직원의 영업태도
- 고객이 아닌 영업주의 취향이 반영된 실내인테리어
- 환불 및 교환과정에서 고객에게 불쾌감을 주거나 불편함을 주는 구조
- 판매상품의 이미지와 어울리지 않는 음악이나 지나친 소음
- 썰렁하게 가라앉은 매장의 분위기
- 매장 혹은 계산대에서 대기시간이 오래 걸리는 구조

위의 여러 가지 환경 중에, 특히 고객의 겉모습만을 보고 상이한 영업태도를 보이는 경우 고객은 담당직원들에게 무언가 트집을 잡고 싸

움을 하고 싶은 욕구를 불러일으키게까지 한다. 또한 환불이나 교환 시 고객이 불만을 느끼거나 쇼핑 중에 스트레스와 심기 불편한 영업 태도로 인해 기분이 상한 경우에는, 고객들이 연대하여 불만을 제기하거나 단체로 항의하는 사태를 가져올 수 있다.

## 2. 여성들에게 직면한 문제점들

여성들이 어떤 문제점[40]들을 갖고 있는지 몇 가지 분야에서 살펴보기로 하자.

1) **음식** : 동서양을 막론하고 여성은 남성보다 음식에 관심이 많다. 특히 옥시토신이라는 신경전달물질은 여성으로 하여금 가족 구성원들에 대한 보살핌이나 애정을 충만하게 하는 역할로 인해 생존을 위한 필수요소인 음식에 높은 관심을 갖게 한다고 해석할 수 있다. 그러나 음식을 만들기 위해서는 음식에 관련된 각종 정보를 취득해야 하고, 재료를 구입하고, 각종기기를 마련해야 하며 음식조리에 많은 시간을 투입해야 한다. 외식은 편리하지만 상대적으로 건강에 좋지 않으며, 건강에 좋은 음식을 먹으려면 너무 시간이 많이 걸리거나 너무 고가이다. 항시 지구상의 모든 여성들이 안고 있는 영원한 숙제이다.

2) **뷰티** : 여성은 생물학적으로 종의 번식을 위해 자신을 아름답게 하려는 본능을 갖는다. 여성이 추구하는 아름다운은 비단 얼굴뿐만 아니라 온몸 전체 각 부위와 이 모든 것들에서 풍겨 나오는 분위

40) 마이클 실버스타인, 케이트 세인어, Women Want More, 2010, 버지니스맵, pp26-28

기마저도 여성들이 바라고 있는 아름다움의 대상이다.

3) **의상** : 여성의 아름다움에 대한 본능을 이루기 위한 하나의 수단이 의류이다. 의상은 아름다운 여성의 외모를 더욱 아름답게 해줄 뿐 아니라 감추고 싶은 콤플렉스까지도 해결해 줄 수 있는 기능을 갖고 있다. 또한 의상은 그 사람의 확고한 이미지를 나타내는 그 사람 특유의 정체성을 만들어준다.

4) **피트니스** : 여성은 외모나 의상뿐만 아니라 자신의 몸매 관리를 통해 아름다움을 추구하고자 한다. 그러나 여성은 남성에 비해 활동적이지 못하고 운동도 그리 좋아하는 편이 아니다. 이 같은 신체적인 여성의 특성으로 인해 여성은 자신들이 안고 있는 여러 가지 문제점들 중 피트니스 부문은 그 중요도에서 하위로 내려가 있다. 여성들은 규칙적인 운동을 시도하는 것 보다 시간의 여유가 생길 때 마다 운동을 하는 경향이 있다. 그러나 최근 들어서는 여성의 규칙적인 운동이 증가하고 있는 추세이다.

5) **건강** : 여성의 특성상, 여성들은 자신만을 위한 주치의제도를 선호한다. 그러나 실제의 의료체계에 있어서는, 의사 만나기도 힘들고 대기시간도 너무 길며 이에 비해 진료시간은 짧다. 그리고 특히 수납제도를 포함하는 운영시스템도 너무 복잡한 편이다.

6) **금융 서비스** : 여성들은 수학적 계산을 별로 좋아하지 않지만 대부분의 가정에서 회계를 담당하고 있는 것은 여성이다. 남성에 비해 우뇌가 좀 더 발달한 여성은 만사가 매우 조심스럽고, 조용하고 부드럽다. 자극적, 진취적 특성의 남성에 비해 여성은 이 같은 도파민에서 발생되는 특성이 매우 작다. 그리고 남성에 비해 상대적으로 이해력이 떨어진다. 이 같은 여성들에게 일반 금융상

품은 너무 복잡하고 이해하기 어렵다. 또한 이에 대해 전문가들과 상의하려해도 재무 상담사가 거의 남성들이기 때문에 만남이 편하지가 않다. 이러한 이유 때문에 많은 여성들이 금융상품에 더 돈을 많이 내고, 보상은 남성들보다 적게 받고 있다.

## 3. BC&G의 현대여성에 대한 조사결과41)

### 1) 현대여성이 중요하게 생각하는 것

#### 가) 여성이 진정으로 원하는 것

전업주부이건 직장을 갖고 있는 주부이던 여성이 진정으로 원하는 것은 관심과 배려, 사랑, 가족, 건강, 인정, 배우자 혹은 애인, 친구, 학습과 교육, 직장과 경력, 봉사 등이다. 보스턴 컨설팅 그룹이 2009년 발간한 보고서에 따르면, 설문조사 대상 중 사랑이 77%를 차지했다. 즉 사랑을 가장 중요하게 생각하고 있다는 것이다. 그 다음이 건강 58%, 정직 51% 그리고 정서적 웰빙이 48%를 차지했다.

따라서 특정 상품이 여성의 일상에서 가장 높은 우선순위를 차지할 가능성은 매우 낮다. 상품광고내용에 대해 여성들은 흔히 세심하게 따져보고 다른 여성들과 의견을 교환하며 상품이 실망스럽다거나 더 좋은 새로운 상품이 나오면 기존의 상품과는 인연을 끊어버린다.

#### 나) 여성이 겪는 어려움

여성의 가장 큰 어려움은, 가정의 금융관리를 우선순위로 답한 응답

41) 마이클 실버스타인, 전게서, pp36-50.

자가 48%로서, 여성으로서는 가장 힘든 일이라고 생각하고 있다. 그 다음 시간부족이 47%였다. 특히 직장을 갖고 있는 여성들은 자신을 위한 시간부족과 우선순위서 겪는 갈등이다. 마지막으로 자신만을 위한 시간부족을 꼽는 응답자는 45%였다.

### 다) 배우자와 다투는 원인

돈(19%), 가사노동(15%), 업무스케줄(12.7%), 자녀문제(10%), 그리고 섹스문제(10%)로 나타났다. 가장 큰 원인은 돈과 가사노동이었다.

### 라) 스트레스를 줄이기 위해 배우자가 해줄 수 있는 것

둘만의 데이트(27%), 가사노동협조(23%), 그리고 자신의 말을 경청해주는 것(22%)이다. 즉 여성의 스트레스를 줄여주는 가장 좋은 방법은 배우자 혹은 이성친구가 둘만의 오붓한 데이트를 만드는 것이다.

### 마) 영향력과 자신감

삶에 가장 큰 영향력을 미친 사람은 아버지 혹은 어머니이다(56%혹은 72%), 열심히 일하면 성공할 수 있다(66%), 스스로 권력이 없다고 생각한다(44%). 종종 혹은 좌절감을 느낀다(32%). 여기서 알 수 있는 것은 여성본인에게 가장 큰 영향을 미친 것은 아버지보다는 어머니라는 것이며 열심히 일하면 성공할 수 있다는 자신의 미래에 대한 긍정적 사고를 갖고 있다는 점이다.

### 바) 자신의 매력

자신이 이상적인 몸매의 체중보다 많이 나간다고 생각한다(68%).

자신이 거의 또는 전혀 매력적이지 못하다(26%). 자신이 매력적이라고 생각한다(25%). 여성들은 자신의 매력에 대해 대체적으로 부정적인 사고를 갖고 있으며 살이 쪘다고 생각한다. 따라서 거의 모든 여성들은 다이어트에 지대한 관심을 가질 수밖에 없음을 알 수 있다.

### 사) 평소 자신을 즐겁게 해주는 것

애완동물(42%), 부부관계(27%), 음식(19%), 쇼핑(5%), 경제적 부유함(2%).

여기에 중요한 내용을 담고 있는 듯하다. 여성을 즐겁게 하는 것은 돈이 아니라는 것이다. 애완동물을 기르고 있지 않는 사람이라면, 여성을 가장 즐겁게 하는 것은 부부관계이다.

### 아) 여성에게 가장 소중한 것

- 미혼여성; 부모(27%), 자기 자신(25%), 애인(12%)
- 기혼여성(자녀 없음);배우자(46.7%), 자신(20.8%), 부모(13.2%)
- 기혼여성(자녀 있음);자녀(61.2%), 배우자(15.2%), 자신(7.2%)
- 장년여성(자녀출가); 배우자(43.2%), 자녀(23.7%), 자신(15.2%)
- 이혼이나 사별여성; 자녀(45%), 자신(17%), 부모(7.1% 이혼일 경우), 종교(7.9% 사별일 경우)

미혼 여성은 부모를 가장 소중하게 여기지만 자신도 이에 못지않은 비중을 차지하고 있다. 여성이 결혼하고 결혼 초기에는 자신보다 훨씬 배우자를 중히 여기고, 이 시기에는 부모에 대한 비중이 극히 낮아진다. 그리고 자녀를 출산하게 되면 가장 중요했던 배우자는 1위 자리를 자녀에게 내어주게 된다. 이때에도 자신은 배우자 다음에 위치한다. 자녀를 출가시키고 나면 배우자가 최우선이고 그 다음이 자녀, 그리고 마지막으로 자신은 가장 낮은 자리를 차지한다. 그러나 이때 이들의 부모가 생존해있더라도 그 중요도는 가장 낮은 자리로 하락하게 된다. 어쨌거나 여성은 항시 자기 자신의 중요도는 가장 낮은 자리에 위치해 놓고 있음을 알 수 있다.

### 자) 여성을 위해 더 많은 연구가 필요한 상품부문

투자(47%), 자동차(47%), 은행(46%), 생명보험(44%), 내과(41%), 자동차보험(39%), 외출복(37%), 병원(36%), 컴퓨터(34%) 그리고 숙박·호텔(33%)

상위에 올라있는 부문은 남성들의 영역이라고 생각했던 부문이다. 금융부문이나 자동차 그리고 병원 특히 내과 분야는 여성들이 불편과 불만을 많이 느끼고 있는 분야이다. 이렇게 불만을 이야기하고 있다는 것은 여성들이 관심을 많이 갖고 있다는 것이므로 이점을 참조해야 할 것이다.

### 차) 트레이딩 업 할 의향이 있는 상품

더 나은 품질과 서비스를 제공한다면 더 높은 대가를 지불할 의사를 갖고 있는 상품은 다음과 같다. 의향이 있는 상품에 대한 지불의향의 비율은 긍정적 의향 즉 조금 더 값이 높다하더라도 지불하겠다와 가격이 아주 높더라도 지불하겠다는 의사를 합친 자료이다.

음식부문(65%), 의류(57%), 얼굴 및 피부 관리(56%), 주택(56%), 성형 및 미용수술(53%), 신발(52%), 레스토랑(52%), 침구(52%), 향수(51%), 가구(50%) 이중 전체 긍정적 의향을 가진 답변 속에서, 값이 대폭 상승하더라도 기술과 서비스가 따라준다면 기꺼이 그 대가를 지불할 의향이 있다는 대답의 비중이 가장 큰 부문은 미용, 성형수술 부문이다. 아무리 고가이더라도 잘하기만 한다면 기꺼이 수술할 의향이 있다는 것이다. 이 같은 맥락에서 살펴볼 때 그 다음으로 높은 의향을 가진 분야는, 음식 부문과 얼굴 및 피부 관리 부문으로 나타났다. 이 외에도 배우자가 여성의 집안일을 얼마나 돕고 있는가에 대해 국가별 통계를 내놓은 것이 있는데, 비협조적 국가들을 순으로 나열하면 다음과 같다.

일본, 이탈리아, 중국, 러시아, 브라질, 프랑스, 터키, 독일, 영국, 스웨덴, 스페인, 한국, 미국, 멕시코, 캐나다, 호주, 스칸디나비아국가, 인도의 순이다.

### 2) 여성의 역할증대와 4R

외국 여성들은 자기 자신이 사회에서 어떻게 성공할 수 있을까에 관한 것이 가장 큰 문제인 것으로 나타났다. 이에 비해 우리나라 여성들은 연로한 부모님을 어떻게 모실까? 어떻게 아이들을 잘 키울 수 있을 것인가 하는 것이 중요한 문제인 것으로 나타났다.

또한 외국의 경우 남편의 도움 없이 여성 혼자만의 힘으로 육아를 담당하는 사람들의 비중은 48% 정도였고, 우리나라의 경우 63%가 여성혼자의 힘으로 육아를 담당하고 있었다. 육아에 대한 부담에 있어 우리나라의 여성들이 외국의 여성들에 비해 훨씬 큰 육아 부담문제를 갖고 있는 것으로 나타났다.

외국 여성들과 우리나라 여성들을 비교해보면, 외국여성들이 갖고 있는 가장 큰 관심사는 자기 자신이었고, 우리나라 여성들은 자기 자신이 아닌 부모님과 자녀들이라는 크나큰 차이점이 발견된다. 또한 육아 부담도 외국여성들에 비해 우리나라 여성들의 부담이 훨씬 큰 것으로 나타났다.

가족 구성원 중에 가장 높은 우선순위는 누구인가라는 질문에 대해, 외국의 경우는, 미혼일 때는 부모님, 결혼 후에는 남편, 자녀 출산 후에는 자녀와 남편으로 나타났다. 이에 비해 우리나라 여성의 경우 우선 1순위는 자기 자신이라고 했다. 그러나 실제 생활에 있어서는 자기 자신은 언제나 우선순위에서 밀려나 있었다. 우리나라 여성들은 생활 속에서 자기 자신의 희생과 봉사가 너무나 당연한 것이 되어 있었고 이로 인해 "우울함", "외로움", "실패감" 등 긍정적인 감정보다는 부정적인 감정이 생활 속에 배여 있었다. 우리나라 여성들은 항상 자신이 우선순위에서 1순위가 되었으면 하는 바람으로 오늘을 살아가고 있다고 보아야 할 것이다.

이와 같은 외국여성과 한국여성의 엄청난 일상생활의 차이점에도 불구하고, 여성들의 역할과 위치는 날로 증대되어지고 있다.

미국의 경우, 경제활동에 참여하는 여성의 수는 지난 20년간 50%가 증가하여 7,500만 명에 달했으며 이들은 매년 4조 3,000억 달러의 수입을 낳고 있다. 또한 미국의 고등교육기관에 재학 중인 학생들의 57%가 여성이며, 전 세계의 경우를 살펴보아도 47%가 여성이다. 그리고 전 세계 여성들은 상품구매결정권이 있어 64%라는 놀라운 결정력을 가지고 있음이 나타났다.

세계경제의 구도가 신흥경제국들이나 기존 경제대국들을 중심으로 나누고 있으나 이제는 새로운 관점에서 세계경제를 바라보아야 할 때이다. 즉 세계여성경제 혹은 각 국가별 여성경제의 측면에서 새로운 지구상의 경제혁신이라는 관점에서 관심을 가질 필요가 있다.

여성은 소비활동의 가장 중요한 주체이다. 또한 가정을 보살핌과 동시에 독립성과 개인적 보람도 추구한다. 그래서 여성들은 가족들과 자기 자신들 모두에게 만족을 줄 수 있는 상품을 원한다.

여성은 냉철한 구매자이며 가족들에 대한 보살핌의 본능으로 가족들의 needs가 무엇인지에 항시 관심을 갖고 이 같은 needs의 바탕위에서 경제행위를 한다.

특히 여성은 그들의 욕구에 부합하는 상품을 접하게 되면 그 상품에 대한 예찬론자가 되어 성실한 전도사의 역할을 한다.

2000년대 초반 여성들의 소비 지출액은 20조 달러에 달했다. 그리고 수년 내에 30조 달러에까지 이를 것이라는 전망을 한다. 여성의 총 수입도 12조 달러에서 18조 달러 이상으로 증가할 것으로 예상하고 있다. 이 같은 전 세계 여성들의 경제적 부상은 기존 기업들의 연구, 제품개발, 판매, 서비스 등에 대한 방식도 변화를 가질 수밖에 없도록 만들 것이다. 기업들은 고객 분류나 새로운 소비자 형태 연구 등을 통해 경쟁력을 높여야 할 것이며 여성경제의 비중증대로 인한 새로운 인사관리 방식도 준비되어져야 할 것이다. 일부기업들은 이 같은 변화를 잘 인지하고 이에 감각적이고 능숙하게 새로운 변화에 진심을 담아내고 있다. 그 기업들은 여성을 제대로 이해하고 그들의 욕구를 충분히 충족시켜 획기적인 성장을 이루었고 이전에 볼 수 없었던 고객충성도를 얻어낼 수 있었다. 이런 기업들은 다음과 같은 "4R", "프로세스"를 수행해왔다.

4R의 첫째는 여성을 인식하는 것이다. 여성을 인식하기 위해서는, 여성의 힘과 중요성, 여성의 불만족 사항, 여성의 스트레스와 즐거움,

여성이 추구하는 상품 등이 무엇인지를 파악해야 한다.

둘째는 조사이다. 고객의 목소리에 귀를 잘 기울이고 이를 분석하고 이해하며 현재 판매상품을 분석하는 것이다.

셋째는 여성의 욕구를 이해하고 이에 대응할 줄 알아야 한다. 이를 위해서는, 디자인개발, 테스트, 개선과 보완, 가치제안의 명료화, 맞춤형 서비스제공, 그들만이 가질 수 있는 특징구비 그리고 과감한 투자가 이루어져야 한다.

중국의 유명한 기업 하이얼(Hier)은 광범위한 연구를 통해 제품을 생산하기로 유명하다. 하이얼은 여성들의 키와 여성들의 신체사이즈를 고려하여 냉장고를 설계했고 아이들을 고려하여 냉장고 위치와 구조를 만들어냈다.

그리고 자사 상품을 지속적으로 개선하는 노력이 있어야 한다. 이를 위해서는 시장에 대한 이해가 있어야 하고 소비자를 끌어들일 수 있는 디스플레이를 해야 하며 고객과 항시 통할 수 있는 네트워크를 구축하고 세밀하고 분석적인 머천다이징이 따라주어야 한다.

## 4. 4R 프로세스의 성공사례

### 1) P&G

아무리 경제적으로 부유하고 영향력을 갖추어 성공한 여성도 집안의 청결문제에는 멀어질 수가 없다. 오프라윈프리 역시 토크쇼에서 항시 집이 청결하게 관리되어져 어떤 손님이 오더라도 즐거운 마음으로 맞이할 수 있게 하는 것이 꿈이라고 했다. 이 같은 생각은 비단 그녀뿐만 아니라 많은 여성들의 공통된 생각이다. 대부분의 여성들이

욕실이나 부엌정도만 깨끗이 청소하고 나머지는 필요시에 시행하고 남편이나 아이들에게 협조를 부탁하곤 한다.

이 같은 변화의 주도자 역할을 한 기업이 P&G이다. P&G의 놀라운 바닥청소기 스위퍼(Swiffer), 그것이 P&G를 한 단계 위로 상승시켰다.

P&G는 스위퍼를 출시해 청소의 혁명이라 불렸다. P&G의 CEO인 래플리(A.G.Lafley)는 스위퍼는 고객을 이해한 덕분에 탄생한 제품이라고 했다. 그는 "우리는 여성들의 needs, 습관, 관행뿐 아니라 그들이 얼마나 소비할 수 있는지, 무엇을 정말로 원하고 필요로 하는지에 항상 관심을 집중시키고 있습니다."라고 했다.

P&G의 4R을 살펴보기로 하자.

가) **인식**(Recognize) ; P&G는 항상 여성고객들을 제품 생산과정에 끌어들여 그들의 통찰력을 개발의 모든 단계에 적용한다. P&G는 여성들은 나이, 소속, 지역, 성격유형에 따라 각기 그들의 needs가 다르다. 따라서 각기 다른 needs에 부합할 수 있는 제품을 생산해야 한다. 그리고 P&G는 나이, 소속, 지역, 라이프스타일, 가족구성, 성격유형 등에 기반을 둔 혁신 작업을 지속해왔다.

나) **조사**(Research) ; P&G는 1년에 20억 달러 이상을 R&D에 투자한다고 했다. 이것은 P&G의 경쟁사들의 총 R&D액수와 비슷한 규모이다.

다) **대응**(Respond) ; 파괴적 혁신은 새로운 카테고리나 부문별 시장 혹은 전혀 다른 새로운 소비자들을 양산한다. 이 혁신은 다른 브랜드제품이 전혀 만족시키지 못하고 있는 고객의 needs를 만족시킨다. 수십억 달러에 달하는 P&G브랜드들은 이 같은 파

괴적 혁신의 과정을 통해 탄생했다.

라) 개선(Refine) ; P&G는 항상 새로운 제품을 개발하고 기존 제품을 개선한다. 그리고 더 이상 성장가능성이 없는 제품들은 과감히 생산을 중단한다. P&G는 가장 유망한 브랜드에 집중하여 광고, 홍보, 점포 내 머천다이징에 집중적으로 투자한다. 그 결과 연간 10억 달러 이상의 매출을 기록하는 22개 브랜드 포트폴리오를 갖추게 되었다.

## 2) 거버(Gerber)

어린아이들의 이유식 브랜드인 거버(Gerber)는 소비자의 감성을 어떻게 이해하고 개선시키고 변화에 대응하고 발전시키는지를 보여주는 대표적 브랜드이다. 거버는 특히 스트레스유형과 멀티태스커유형에 속하는 여성들을 잘 이해하고 있었다. 기존의 거버는, 이유식의 품질과 안정성에 초점을 맞추어 전원 풍경이나 농부들이 농작물을 재배하고 있는 장면들을 광고에 부각시켰었다. 그러나 여성들에 대한 이해가 이루어지고 난 다음에는 광고나 홍보자체에 변화를 가져왔다. 분만실에서 분만을 준비하고 있는 엄마들이 조용한 명상음악을 들으며 산고의 고통에 대비해 분만연습을 하는 모습을 보여주었다. 그리고 "아이를 위해서라면 무엇이든지"라는 제목의 광고를 냈다. 이 광고는 미국 전역의 여성들로부터 폭발적인 반응을 일으켰다. 최근에 출산을 한 여성은 : "저만 그런지는 모르겠지만, 이 광고를 처음 보았을 때 저도 모르게 가슴이 울컥하더라고요"라고 말했다.

거버는 이렇게 여성들의 마음을 두드리는 광고에 의존하여 지난 80년간 동종업계에서 우위를 차지한 것은 아니다. 거버의 성공비결은

줄곧 엄마들의 목소리에 귀를 기울였다. 그들의 needs를 채워줄 수 있는 새로운 제품이나 개선된 제품들을 지속적으로 생산해왔다.

2007년 거버의 급성장을 본 네슬러는 매출의 2.8배에 달하는 55억 달러를 들여 거버를 인수했다. 이제 거버는 네슬러의 자회사로서 지속적인 발전을 거듭하고 있다. 네슬러는 거버를 인수하면서 유아용 음식과 음료수 부문에서 1위를 차지했다. 미국에서 거버의 시장점유율은 82%이다. 거버는 여성의 needs에 부합하는 제품생산이 얼마나 중요한지를 보여주는 좋은 사례이다.

## 5. 여성과 음식 그리고 사례기업

### 1) 음식과 여성

BCG에서 조사한 바에 의하면, 여성들에게 음식부문은 트레이딩업 1순위 즉 기존의 것보다 더 훌륭하다면 기꺼이 더 많은 돈을 지불할 의향이 있는가에 대해 가장 큰 의사를 보여준 것이 음식부문이었다.

여성에게 음식은 가족과 친구 그리고 가까이 있는 사람들과 소통할 수 있는 창구이고 또한 여성의 의무와 같은 역할을 하고 있다. 조사한 바에 따르면, 여성의 90%는 적어도 하루에 한 끼는 집에서 요리를 해서 먹는다고 했고, 82%는 일주일에 1,2번 정도는 가족이 함께 식사를 한다고 했다. 그리고 그중 87%는 자기가 직접 요리를 한다고 했다.

자녀를 둔 여성은 자녀들의 성장에 도움을 줄 수 있는 음식을 바라고 미혼여성들은 영양도 있고 맛도 있으면서 살이 찌지 않는 음식을 바란다.

자신을 행복하게 하는 것이 무엇인가 하는 질문에, 여성들은 67%가

음식이라고 대답했다. 특히 싱글여성, 자녀를 출가시킨 장년여성 그리고 이혼한 여성들은 음식이 그들을 가장 행복하게 해 주는 것이라고 대답했다.

여성은 유형별로 음식에 대한 서로 다른 견해를 가지고 있다. 싱글여성들은 요리는 자주하지 않지만 즐기는데 역점을 둔다. 항시 압박을 받고 있는 스트레스유형 여성들은 부족한 시간 속에서 음식에 대한 열정과 가족을 위해 요리하는 것 사이에서 타협점을 찾고 있다. 자녀들이 출가한 장년층 여성들은 음식과 건강 등을 중요하게 생각한다.

전 세계 여성의 88%는 장을 보고 있으며 85%의 여성이 식사 준비를 하고 있다.

모든 연령대의 미국여성들은 일주일에 최소 7시간의 장보기와 요리에 시간을 보내며 자녀가 있는 기혼여성들은 식사준비에 11시간을 소비하고 있다.

음식을 위해 소요되는 비용은 절약할 수는 있지만 결코 없앨 수는 없는 항목이다. 여성들은 항상 편리함과 적당한 가격, 맛과 영양의 균형을 추구한다.

### 2) 홀 푸드(Whole food)의 예

홀 푸드는 음식과 여성과의 관계를 잘 이해하면서 출발한 기업이다. 홀 푸드는 텍사스 주립대학에 다니던 존 매키(John Mackey)가 설립했다. 그는 여자 친구를 사귀고 싶어 학교의 채식주의자 협회에 가입했고 거기에서 르네로슨하디(Renee Lawson Hady)라는 여성을 만났다. 그들은 뜻한바가 있어 학교를 그만두고 친구들과 가족들로부터 4만 5천달러를 빌려 세이퍼웨이(safer way)라는 웰빙 식품가게를 열었다.

1980년 다른 친구와 파트너십을 맺고 합병을 했다. 이것이 홀 푸드의 전신이 되었다. 1년 후 홀 푸드는 70년 만에 최악의 홍수를 겪게 되었고 사업은 막다른 골목에 다다르게 되었다. 홀 푸드는 홍수를 겪기 전 1년 동안 매우 충성도 높은 단골 고객을 확보하였다.

이 같은 관계는 가족과 공급업체 그리고 단골고객들의 자발적 도움으로 이어졌고 다시 일어서게 되었다. 홀 푸드는 단순한 슈퍼마켓이 아닌 일종의 소비자 운동으로 자리매김하게 된 것이다.

성장세를 타기 시작한 홀 푸드는 특히 3가지 여성들의 유형과 긴밀한 관계를 맺게 되었다.

점심이나 저녁을 종종 조리된 음식으로 해결하려는 엘리트 유형의 도시 전문직 여성, 스트레스유형 중 부유한 엄마 그리고 고군분투유형 중 55세 이상의 여성 중에서 식생활을 통해 건강한 생활을 유지하려는 여성들이다.

홀 푸드는 신선한 고기, 가금류, 유기농 과일이나 야채를 사는 곳이다. 생필품은 다른 곳에서 사는 것이 더 낫다. 사람들은 홀 푸드가 다른 곳에 비해 그다지 비싸다고 생각하지 않으며 비싸더라도 그 만큼의 가치가 있다고 생각한다.

특히 엘리트유형의 여성들은 홀 푸드가 주장하는 최상의 품질, 최소한의 가공, 가장 맛있고 자연적인 식품, 인공첨가제, 감미료, 색소, 방부제 미 함유라는 슬로건을 가장 많이 신뢰한다. 이들은 홀 푸드가 「포춘」 선정 100대 기업에 오르는데 가장 크게 기여한 여성들이다.

스트레스유형 중 부유한 여성들 또한 신선한 농산물과 고기, 생선을 사기 위해 홀 푸드에 간다. 장년층 여성은 품질 그리고 다양성을 갖춘

홀 푸드를 좋아한다.

싱글여성들은 믿을 수 있는 조리된 식품을 사기 위해 홀 푸드에 가며 다른 여성들 보다 더 자주 홀 푸드에 들른다. 그리고 홀 푸드를 이용하는 고객 중 200달러 이상을 지출하는 고객의 76%가 여성이었다.

### 3) 테스코(Tesco)의 예

테스코는 시간이 부족한 여성고객들에게 시간이 얼마나 중요한지를 이해하고 있다.

테스코는 간단하지만 늘 존재했던 고객의 needs를 한 번에 충족시킴으로서 브랜드를 강화시켰으며 단순한 식료품매장을 벗어나 여성의 삶에 커다란 영향을 미쳤다.

테스코는 직장업무로 바빠 시간이 부족한 여성들의 고충을 해결했다. 대부분의 여성들은 제품구입에 있어 그것이 온라인이던 오프라인이던 차별을 두지 않았다. 2000년대에 출범한 테스코닷컴은 다양한 상품들을 취급하고 그 결과 테스코는 영국의 온라인 시장의 70%를 점유하고 있다.

### 4) 에이미키친(Amy' Kitchen)의 예

홀 푸드는 가장 많은 팬을 보유한 식품브랜드이고, 테스코는 여성이 매우 중요하게 생각하는 편의성을 제공한다. 그리고 이들과 함께 식품시장에서 성공한 사례로 에이미키친을 들 수 있다.

에이미키친은 건강에 좋고 가격도 적당한 다양한 패스트푸드를 제공해 음식을 통해 배우고자 하는 여성들에게 어필한다. 에이미키친의 제품들은 모두 유기농으로 만들어졌을 뿐 아니라 맛 평가 테스트에서 꾸준히 수상을 했다. 에이미키친은 제품에 들어가는 재료의 무공해성, 환경친화성, 유기농측면에만 신경 쓰지 않는다. 에니미키친은 보다 더 지속 가능성을 추구하는 회사가 되기 위해 노력중이다. 플라스틱 용기대신 종이를 사용하고 상자는 형광물질을 사용하지 않은 재료로 만들며 상자 안쪽 음식과 닿을 수 있는 곳에는 비닐코팅을 하지 않는다. 그리고 상자 외부에는 찰흙 재질로 코팅되어 있어 안에 오염물질이 침투할 수 없다. 모든 상자에는 재활용 정보가 인쇄되어 있다.

# 참 고 문 헌

〈국내문헌〉


- 곽준식, 브랜드, 행동경제학을 말하다, 2012, 갈매나무.
- 댄애리얼리(장석훈역), Predictably Irrational, 2009, 청람출판.
- 도모노노리오(이명희역), 행동경제학, 2008, 지형.
- 돈탭스코트, 앤서니 윌리엄스(윤미나역), WIKINOMICS, 2009, 21세기북스
- 로버트 B 세틀, 파멜라 L 알렉(대흥기획 마케팅 컨설팅 그룹 역), Why they buy, 2011, 세종서적.
- 로스 M 밀러, 버논 L 스미스(천춘오역), 실험경제학, 2011, 일상과이상.
- 리차드탈러, 캐스선스타인(안진환역), Nudge, 2011, 리더스북.
- 마이클 실버스타인, 케이트세이어(보스턴 컨설팅그룹 서울사무소역), Women Want More, 2010, 비즈니스맵.
- 마틴린스트롬(이상근, 장석훈역), Buyology, 2010, 세종서적.
- 샘고슬링(황상민역), Snoop, 2010, 한국경제신문.
- 스텔라미나한, 마이클베버랜드(김지애역), Why women shop, 2007, 어문학사.
- 에릭 R 브레이버맨(윤승일, 이문영역), 뇌체질 사용설명서, 2010, 북라인.
- 이주훈, 경제학의 이해, 2010, 계축문화사.
- 이주훈, 미시경제학의 이해, 2010, 계축문화사.
- 이준구, 36.5℃ 인간의 경제학, 2010, 랜덤하우스코리아.
- 크리스토퍼시(양성희역), Economics in Action, 2009, 북돋움.
- 트렌드모니터, Catch up, 2011, 지식노마드.
- 하노벡(안성철역), Economics of Impulse, 2009, 비즈니스맵.

• 한스-게오르크 호이젤(배진아역), Brain View, 2008, 흐름출판.

〈국외문헌〉

• Arrow, K. J., Rationality of self and others in an economics system, 1986, Joural of business, Vol 59.
• Bargh, J. A., Losing consciousness; Automatic Influence on consumer judgment, Behavior and Motivation, Journal of consumer research, 2002, Vol 29.
• Bargh, J. A., and T. L. Chartland, The Unbreakable Automaticity of Being, American psychologist, Vol 54, no. 7.
• Baron-Cohen. S., The essential Difference, 2003, London: Penguin /Alan lane.
• Blackwell R. D., Consumer Behavior, 2001, Marson: South Western College Publishing.
• Blum D., Sex on the Brain, 1997, London: Penguin Books.
• Canli, T.(ed), Biology of Personality and Individual Difference: 2006, New York: Guilford.
• Camerere. C., Behavioral Game Theory: Experiment in Strategic Interaction, 2003, Princeton Univ Press.
• Camerer, C. F. Do Biases in Probability Judgment Matter in Market?, American Economic Review, 1987, Vol 77.
• Chapman, G. B. and E. J. Johson, Incorporation the Irrelevant: Anchors in judgment of Belief and Value, 2002, Cambridge Univ Press.
• Forgas, T. P., Feeding and Thinking, 2000, Cambridge Univ Press.
• Frank, R. H., What Price the Moral High Ground?; Etbical

Dilemmas in Competitive Environments, 2004, Princeton Univ Press.
- Gazzaniga, M. S., Cogitative Neuroscience, 2000, New York, ww Norton.
- Geary, D. Male, Female, 1998, Washington: American Psychological Association.
- Glimcher, P. W., Decisions, Uncertainty and Brain, 2003, Cambridge Univ Press.
- Hussweiler, T. B., English and F. Strack, Anchoring Effect, 2004, Psychology Press.
- J. Tiemey, "Using M.R.I.s to see Politics on the Brain". New York Times, 20th April. 2004.
- Kahnemau, D., Maps of Bounded Rationality: Psychology for Behavioral Economics, American Economic Review, 2003, Vol 93, No. 5.
- Kahnemanm Dm et al; Choice Values and Frames, 2000, Cambridge Univ Press.
- Kahneman, D. and A. Tversky, Prospect Theory: An Analysis of Decision under Risk, 1979, Econometrica, Vol 47, 702.
- Kahneman, D and Tversky, Subjective Probability: A Judgment of representativeness, Cognitive Psychology, 1972, Vol 3.
- Kandel, E. R., Principles of Neuroscience: Stanford a ppelton & Lange.
- Malcolm Gladwell, Blink, 2005, New York; Backbay books/ Little Brown.
- Mealey, L., Sex Difference, 2000, London: Academic Press.
- Metzinger, T, Being No One. 2003, Bradford: Bradford book.

- Musch, J, et al, The Psychology of Evaluation, 2003, Mahwah: Lawence Publishers.
- Selfen, Reinhard, Bounded Rationality, Journal of Institutional and Theoretical Economics, 1990, Vol 146.
- Tvesky, A and D. Kahneman, Availability A Heuristic for Judging Frequency and Probability, Cognitive Psychology, 1973, Vol 4.
- Webster, R. A., Newrotransmitters, Drugs and Brain Function, 2001, New Yorkl John Wiley & Sons.

호모에코노미쿠스의 모순 값 12,000원

2013년 8월 10일 제1판 인쇄
2013년 8월 15일 제1판 발행

저 자 : 이 주 훈
발행인 : 주 영 일
발행처 : 계 축 문 화 사

서울특별시 종로구 행촌동 209-41
우편번호 110-091
TEL : 735-2257·738-9746
FAX : 723-9025
E-mail : gyechuk@hanmail.net
홈페이지 : http://gyechuk.co.kr

1973. 10. 31 등록번호 제300-1973-8호
ISBN 978-89-5629-305-9 93320